"十三五"国家重点图书出版规划项目

中国汉画大图典

第三卷 车马乘骑

主　编　顾　森
副主编　崔伟刚

西北大学出版社
·西安·

图书在版编目（CIP）数据

车马乘骑 / 顾森主编. —西安：西北大学出版社，2022.2

（中国汉画大图典 / 顾森主编）

ISBN 978-7-5604-4723-0

Ⅰ.①车… Ⅱ.①顾… Ⅲ.①画像石—中国—汉代—图集 ②画像砖—中国—汉代—图集 Ⅳ.①K879.422

中国版本图书馆 CIP 数据核字（2021）第 066074 号

责任编辑　张　立　肖卫华
装帧设计　泽　海

中国汉画大图典
ZHONGGUO HANHUA DA TUDIAN
主　编　顾　森
车马乘骑
CHEMA CHENGQI
主　编　顾　森
副主编　崔伟刚
出版发行　西北大学出版社
（西北大学校内　邮编：710069　电话：029-88302621　88303593）
http://nwupress.nwu.edu.cn　E-mail: xdpress@nwu.edu.cn

经　销	全国新华书店	
印　装	北京雅昌艺术印刷有限公司	
开　本	787毫米×1092毫米　1/16	
印　张	26.5	
版　次	2022年2月第1版	
印　次	2022年2月第1次印刷	
字　数	200千字	
书　号	ISBN 978-7-5604-4723-0	
定　价	370.00元	

本版图书如有印装质量问题，请拨打电话 029-88302966 予以调换。

编者的话

一、图典的结构

《中国汉画大图典》本质上是一套字典，不过是以图为字，用图像来解读先秦及汉代的社会和文化。本图典共七卷，一至六卷是黑白的，第七卷（上下册）是彩色的，共收有约 13000 个图像单元。根据现有图像的实际情况，以"人物故事""舞乐百业""车马乘骑""仙人神祇""动物灵异""建筑藻饰"几大门类来梳理和归纳，以期体现本图典这种形象的百科全书的特性。图像之外，文字部分主要有总序、各册目录、门类述要、专题文章、参考文献、后记等。

二、读者对象

本图典具有雅俗共赏的特色。其图像形象，能够为幼儿及以上者所识读；其文化内涵，能够为中学文化程度及以上者所理解；其图像、内容及其延展，则于文化学者、学术研究者和艺术创作者均大有裨益。

三、图像的来源和质量

本图典的黑白图像主要来源于画像石、画像砖、铜镜、瓦当、肖形印等五类器物的拓片。这些图像主要来自原拓，也有相当数量的图像来自出版物，极少量的图像来自处理过的实物摄影。

画像石是直接镌刻于石面上的，由于种种原因，如石质、镌刻工具、镌刻技艺等的不同，即使来自同一粉本，也不会出现完全雷同的图像，所以不同石面的拓片都具有"唯一"的特色，区别仅在于传拓水平高低带来的拓片精粗之分。画像砖、铜镜、瓦当、肖形印这几类，均是翻模、压模后埏烧或浇铸而成，雷同之物甚多。故在画像砖、铜镜、瓦当、肖形印中，出土地不同或时间早晚不同而拓片图像雷同之现象颇为常见，区别也仅在于传拓水平的高低带来的拓片精粗之分。画像石、画像砖、铜镜、瓦当、肖形印的拓片图像质量除了上述区别外，其共同之处就是，经过岁月的淘洗，一来画面的完整与残缺不尽相同，二来留存的图像本身的信息多寡不尽相同。

　　本图典的彩绘图像指壁绘、帛绘、漆绘、器绘（石、陶、铜、木）等，主要来自实物拍摄和出版物。今天所见的这些彩绘图像均来自地下墓葬，是汉代人留下的画绘实物，也是我们今天能看到的汉代人的画绘原作。因是附着于各类物体的表面，在地下环境中经历了几千年，仅有极少量（如少量漆绘作品）还能保留原初形象，其余大量只能用"残留"二字来形容。其质量的评定与画像石相似。但色彩保存的程度和绘制技法的特色，是彩绘图像特别重要的质量标准。

四、图像的选用

　　赏心悦目的画面，总是为受众所喜爱。本图典选用图像的标准，毫无疑问是质量好、保存原有信息量多。在这一总的原则下，对以下几类图像做灵活处理。

　　1. 有学术价值者。即能说明某一社会内容或某一文化现象的稀有图像，因其稀缺，故质量不好也选用。

　　2. 有研究价值者。即保留了不同时期信息或不同内容信息的图像，即使重复，只要多一点信息也选用。

　　3. 有应用价值者。即于研究、创作有参考或启发作用的图像，即使有残缺或漫漶也选用。

　　4. 有重要说明作用者。例如同一图像出现在不同时期或不同地区，很好地印证了某一图像的分布时段或地域，这种图像无论好坏多寡均选用。

五、图像的识别原则

　　图像的识别主要有以下两个原则。

　　1. 择善从之。经中外历代学者的努力，汉画图像的识别已有相当的学术积淀。择善从之主要表现在两个方面：一是选择有依据者，即有汉代文字题记或三国以前的文献记载者；二是"从众"，即接受学术界认同的或业界共同认知的。

2. 抛砖引玉。即对某些尚有争议或尚需进一步证明的认知，编者依据自己的学术判断来选用。这主要集中在本图典一些图像的内容、名称的判断上和一些门类的设立上。抛砖引玉就是不藏拙、不避短，将自己不成熟、不完善的认知作为学术靶子让同仁批评，最后求得学术和事业的发展。这样做于己于众均是好事。中国汉画中有太多至今让人不得其义的图像，只有经过学术的有的放矢的争辩，才能使真理越辩越明，最后达到精准识别之目的。

六、关于《丹青笔墨》卷

《丹青笔墨》卷为本图典的特辑，即其编写体例独特，与前几卷不完全相同。其原因一是时间紧迫，来不及收集更多资料，只就手中现有资料进行编写，以应目前此类出版物稀缺之急。二是仅仅一卷两册的篇幅，远远不能反映出汉代画绘应有的面貌（至少要编成六卷，才基本可以达到一定的量，才能较好地分类）。三是该卷中许多图像来自出版物，质量差强人意，只能勉强用之。即使如此，该卷也是目前将汉代画绘材料解析得最清楚、最详尽者。当然，其中也有不少地方分类不清晰，定位不精准。这些不足体现了编者目前的认知水平，也多少反映了今天学术界、考古界认知的基本情况。更深的认识，有待于今后的学习，以及考古发掘和研究成果的出现。

毕善其事是我们的初衷，但鉴于时间、条件、能力等方面的限制，不能尽善，材料的遗漏不可避免，甚至"网漏吞舟之鱼"也并非不可能。这些遗憾，我们会在今后的修订版中弥补。即使如此，我们还是深信这套大图典的出版会给读者或使用者带来一些惊喜和满足。首部《英语大词典》的编撰者，18世纪英国诗人、作家塞缪尔·约翰逊有一句妙语："词典就像手表，最差的也比没有好，而最好的又不见得就解释对了。"对一个词典的编者来说，这句话不能再好地表达他的全部感触了。

序 言

一

汉画是中国两汉时期的艺术，其所涵盖的内容主要是两部分：画绘（壁绘、帛绘、漆绘、色油画、各种器绘等），画像砖、画像石、铜镜、瓦当等雕塑作品及其拓片。

汉画反映的是中国前期的历史，时间跨度从远古直至两汉，地域覆盖从华夏故土辐射到周边四夷、域外多国。两汉文化是佛教刚传入中国但还未全面影响中国以前的文化，即两汉文化是集中华固有文化之大成者。汉画内容庞杂，记录丰富，特别是其中那些描绘神话传说、历史故事、生产活动、仕宦家居、社风民俗等内容的画面，所涉形象繁多而生动，被今天许多学者视为一部形象的记录先秦文化和秦汉社会的百科全书。作为对中华固有文化的寻根，汉画研究是一种直捷的方式和可靠的形式。正因为如此，汉画不仅吸引了文物考古界、艺术界，也吸引了历史、哲学、宗教、民俗、民族、天文、冶金、建筑、酿造、纺织等学科和专业的注意。

汉画的艺术表现，是汉代社会的开拓性、进取心在艺术上的一种反映，是强盛的汉帝国丰富的文化财产的一部分。汉画艺术不是纤弱的艺术，正如鲁迅所说，是"深沉雄大"的；汉画的画面充满了力量感，充满了运动感。汉画艺术并非形式单一，而是手法多样，形态各异。汉画中的画像砖、画像石、铜镜、瓦当等，不仅有线雕、浮雕、透雕和圆雕作品，还有许多绘塑结合、绘刻结合的作品；汉画中的画绘如壁绘、帛绘、漆绘、陶绘等，不仅包含各种线的使用方法，还有以色为主、以墨为主，甚至用植物油调制颜料直接图绘的方法和例子。汉画不是拘泥于某一种表现样式的艺术，在汉画里，既有许多写实性强的作品，更有许多夸张变形、生动洗练的作品。汉画继承了前代艺术的传统，并使之发扬光大，以其成熟、丰富的形式影响后代。看汉画，可以从中看到中国艺术传统的来龙去脉。如画像砖、画像石、铜镜、瓦当等雕塑作品，从中既能看到原始人在石、骨、玉、陶、泥上雕镌塑作的影子，也能看到商周青铜器上那些纹饰块面的制作手段。汉以后一些盛极一时的雕塑形式中，许多地方就直接沿用了汉代画像砖、画像石、铜镜、瓦当中的技法。看汉画，也能使人精神振奋，让人产生一种对博大精深的中华文化的自豪感。若论什么是具有中国风貌和泱泱大国气派的美术作品，汉画可以给出确切的答复。事实上，在今天的美术创作和美术设计中，汉画中的形象、汉画的表现手法随处可见。

二

关于汉代美术的独特地位，唐代张彦远《历代名画记》明确说及："图画之妙，爰自秦汉，可得而记。降于魏晋，代不乏贤。"郑午昌《中国画学全史》对此做了进一步的说明："中国明确之画史，实始于汉。盖汉以前之历史，尚不免有一部分之传疑；入汉而关于图画之记录，翔实可征者较多云。"这些议论都是关于绘画的，特别是指画家而言。但仅这一点，即汉代有了以明确的画家身份出现在社会中的人，就喻示了汉代绘画已摆脱了绘器、绘物这种附属或工匠状态。当然，汉代美术的独特地位不仅仅是指绘画的"可得而记"，而应包括美术各个门类的"可得而记"。汉代以前，美术处于艺术特性与实用特性混交的状态，汉代结束了自原始社会以来的这种美术附属于工艺的混交状态，包括工艺美术自身在内的许多独立的艺术门类，如绘画、雕塑、书法、建筑以及书论等等，都以一种不同于别的美术品类的形式出现。而一种独立的美术品类的出现，必然内含了其特殊的创作规律和表现形式，以及相当数量的作品等。正因为如此，我们便可以在这个基础上对汉代美术进行逐门逐科的研究。汉代美术的独特性，也就被这些越来越深入的研究所证明。

汉代美术并不是一道闪电，仅在一瞬间照亮天地，光明就随之消失。刚好相反，汉代美术一直光被后世，影响深远。汉代是中国美术发展史上的一个重要环节，它不仅对原始社会以来的美术从观念到技法进行了一次清理和总结，而且在继承的基础上给予了发展。正如汉代在中国社会的发展史上是一个重要的转折时期，汉代在中国美术的发展史上也是一个重要的转折时期。就画绘而言，且不论已有的各种笔法，只就汉武帝创"秘阁"，开皇家收藏先例，汉明帝置尚方画工、立"鸿都学"为画院之滥觞，蔡邕"三美"（赞文、书法、画技）已具中国画"诗、书、画"三元素而论，就能使人强烈地感受到汉代美术开了一代新风。

三

汉代曾有一大批专业画家和仕人画家,绘制了大量作品,或藏于内宫,或显扬于世间。可惜的是,两汉四百余年皇家的收藏和专业画家的作品均毁于兵燹,至唐时,已如吉光片羽,极为罕见。今天我们看到的汉代画绘实物基本上出自墓葬,因此我们今天所说的汉画,不是一般意义上的艺术,而是陵墓艺术。由此可得出汉画有别于其他艺术的两大特点:一是反映丧葬观念,二是反映流行于世的思想。

汉代人的丧葬观念,简而言之就是建立在极乐升仙和魂归黄泉思想基础上的"鬼犹求食""事死如事生"的信念,即是说对待死人如对待活人一般,让死人在神仙世界或黄泉世界得到在人世间已得到或未得到的一切。汉代流行于世的思想主要有祖先崇拜、天人之际、阴阳五行、今文经学、谶纬之学、建功立业、忠义孝行等等。除了衣食住行之需外,流行思想也普遍地出现在汉代墓葬中。汉墓中能体现丧葬观念和流行思想的,即我们通常所说的祭祀和血食两大内容。祭祀和血食在帝王陵中体现为在陵上修建陵庙(放置有祭祀用品,壁间满绘祭祀内容的图画)和陵寝(备有一切生活用品和奴仆的楼阁),在有地位的贵族的墓冢中则以修造墓祠来体现。汉代的陵庙、陵寝和绝大多数墓祠为木构建筑,早已荡然无存,至今只有极少的石质墓祠保留下来。祭祀和血食这两大内容便可从这些实物中得到证明。如现存较完整的山东长清孝堂山郭巨石祠,祠中满布石刻浮雕,画像内容主要为神话传说、历史故事和生活场景,即祭祀和血食两大部分。从目前发现的画像石墓来看,墓主人的官秩没有超过二千石的,都是中等财力或中等财力以下者,估计是因社会地位不高或财力不足而不能立墓祠。但墓主人又深受当时社会墓葬习俗的影响,出于对祭祀内容与生活内容的迫切需要,只好在墓内有限的地方用简略而明确的方式来表达这一愿望,即将祠庙的图绘部分直接搬来,又将陵寝的实物部分搬来,并表现为图绘形式。从现在的汉画出土情况来看,这些东西不能看成汉代艺术的上乘之作,只能看作民间艺术,或者是来源于专业画家粉本的非专业画家的作品。因此,汉画中反映的内容和题材,有很大一部分是流行于民间的思想，不能尽用史书典籍去套。如青龙、白虎、朱雀、玄武本是守东、西、南、北四方的天神，它们的图像多被视为代表某一方位。但在汉画中，它们不一定表示方位。汉代吉语中所谓的"左龙右虎辟不羊（祥）""朱雀玄武顺阴阳"，可能才是图绘它们的真正含义。许多墓葬中青龙、白虎、朱雀、玄武的位置也说明了这一点。

四

从保存现状来看，汉画里雕刻类作品总体上比画绘类作品保留得完整，在数量上也大大超过了它们。因此在汉画的研究或使用中，总是以画像砖、画像石等为主。今天所说的汉画，在相当大的范围内指的是画像砖、画像石。

画像砖几乎遍及全国各地，其主要分布在陕西、河南、川渝地区（四川、重庆）。画像砖艺术是许多图样的源头，体现在陕西画像砖里；其发展中的重要转折，体现在河南画像砖中；而其集大成者，则体现在川渝画像砖上。中国古代的许多图样往往起于宫中，再流入民间，继而风行天下。陕西秦汉宫室和帝王陵墓中画像砖上的许多图样，也是两汉画像砖上许多图样的最早模式。河南画像砖中，以洛阳画像砖为代表的粗犷、豪爽风格和以新野画像砖为代表的精美、劲健风格，给人的艺术感受最为强烈。川渝画像砖以分布地域广、制作时间成系列、反映社会内容丰富、艺术手法生动多样为特色。

画像砖不因材质的不同而形成各地区的不同风格和特征，而是出现了由尺寸及形状不同而产生的不同的画面处理。这些画面处理为后代积累了许多艺术创作原理方面的经验和相应的技法。如秦、西汉大空心砖，一砖一图或一砖多图，或以多块印模反复印制同类图形后再组合成一个大的画面。河南南阳和川渝地区的方砖、条砖则因尺寸小而主要是一砖只表现一个主题或情节。在这些画像砖上，尤其是川渝地区的画像砖上，线雕与浮雕更精细，构思更巧妙，阴线、阳线、浅浮雕、中浮雕的运用和配合更熟练，更有变化。正如汉瓦当圆形内是成功的、饱满的构图一样，川渝地区在不同尺寸的方砖、条砖乃至砖棱上，都能巧妙地创作出主题明确而又生动的画面。在画面的多种构思上，川渝画像砖成就尤为突出。

画像石分布在山东、河南、四川、重庆、江苏、陕西、山西、安徽、湖北、浙江、云南、北京、天津、青海等十余个省市。其中以山东、河南南阳、川渝地区、陕西榆林（陕北）、江苏徐州五个区域密度最大，数量最多。

山东是升仙思想的发端地之一，多方士神仙家。山东又是儒家的大本营，先后出了孔子、孟子、伏生、郑玄等在儒学发展史上开宗立派、承上启下、集时代之大成者，还有以明经位至丞相的邹人韦贤、韦玄成父子。山东画像石多经史故事和习经内容，也多西王母等神仙灵异内容，正是汉时山东崇儒求仙之风的生动写照。山东画像石多使用质坚而细的青石，雕镌时以凝练而精细的手法进行多层镌刻，雕刻技法多样，高浮雕、中浮雕、浅浮雕、透雕都能应用得恰到好处。山东画像石以数量多、内容丰富、可信年代者延续有序、画面精美复杂、构图绵密细微为世所重。

《后汉书·刘隆传》曰："河南（洛阳）帝城多近臣，南阳帝乡多近亲。"说明河南南阳在东汉时期是皇亲国戚勋臣的会集之地，也是皇家势力所控制的地区，崇奢者竞富，势在必然。光武帝刘秀起兵南阳得天下后，颁纬书于天下，《白虎通德论》又将谶纬思想融入钦定的儒家信条中。这种以天象、征兆来了解天意神谕，以荒诞的传说来引出结论的思想，弥漫天下。我们今天看到的南阳画像石，多天象、神异和男女侍者等内容，对东汉时帝王、权贵的生活和思想，尽管不是直接反映，但起码也是当时南阳世风的反映。南阳画像石多使用质坚而脆的石灰石，雕镌时使用了洗练、粗犷的手法，主题突出，形象鲜明。画像造型上，南阳画像石上的人物除武士外，一般都较典雅、沉稳、恭谨；动物和灵异因使用了夸张变形的表现手法而显得生动活泼、多姿多态，颇有呼之欲出之势。

川渝地区，从战国到秦汉，一直被当时的政权作为经济基地来开发。秦时都江堰水利工程的建成，更使蜀地经济实力得到增强。正因为有了这个殷实的经济后方，不仅"汉之兴自蜀汉"（《史记·六国年表》），秦得天下也是"由得蜀故也"（《蜀鉴》）。

画像砖、画像石的生产、交换题材，集中出现在川渝地区，如"市井""东门市""采盐""酿酒""采桑""借贷""交租""收获""采莲""捕鱼""放筏""播种""贩酒"等，既反映了汉时川渝地区蓬勃发展的经济，也反映了川渝地区在秦汉两代是经济后方的事实。川渝画像石对汉代俗文化的反映是很典型的，举凡长歌舞乐、宴饮家居、夫妻亲昵等多有所表现。川渝画像石多使用质软而粗的砂石，雕镌时注重体量，浮雕往往很高，风格粗放生动，尤其以彭山江口崖墓富于雕塑语言表达的高浮雕、乐山麻浩崖墓画面宏大的中浮雕等崖墓石雕，以及一些石阙、石棺浮雕最有代表性。

陕北画像石的内容，较少出现别的地区常有的历史故事，也未见捕鱼、纺织等题材，而是较多反映了边地生活中的军事、牧耕、商业等内容，以及流行于汉代社会的神仙祥瑞思想。这正反映了陕北在出现画像石的东汉初中期，商人、地主、军吏成为此地主要的富有者和有权势者。陕北画像石生动地反映了这些文化素养不高又满脑子流行思想（升仙、祥瑞）的人的追求。陕北画像石使用硬而分层的页岩（沉积岩），不宜做多层镌刻，图像呈剪影式，再辅以色彩来丰富细节。在形象的处理上，不追求琐碎的细节；在处理各种曲线、细线和一些小的形象时，多采用类似今天剪纸中"连"的手法，一个形象与一个形象相互连接，既保证了石面构架的完整，又使画面显得生动丰富。平面浅浮雕基本上是陕北画像石采用的唯一一种表现手法，因此陕北画像石是将一种艺术形式发挥得淋漓尽致的典型例子。华美与简朴，纤丽与苍劲，流畅与涩拙，都由这一手法所出，表现得非常成功。一般来说，反映农耕牧业等生产内容的画面，往往都刻得粗犷、简练；反映狩猎、出行等官宦内容的画面，往往都刻得生动、活泼；反映西王母、东王公、羽人、神人、神兽等神仙祥瑞的画面，往往都刻得细腻繁复，尤其是穿插其间的云气纹、卷草纹等装饰纹样，委婉回转，飞动流畅，极富曲线之美。在辅之以阴线刻、线绘（墨线与色彩线）、彩绘（青、白、绿、黑等）这些艺术手段后，完整的汉代画像石墓往往表现出富丽华贵之气。从总体上看，极重装饰美这一点，在陕北画像石中表现得最为突出。

徐州在汉代是楚王封地，经济发达，实力雄厚。20世纪50年代以来，先后发掘的几座楚王墓，都是凿山为陵、规模宏大的工程，真可雄视其他王侯墓。这种气度和风范在画像石中，主要体现为对建筑物的表现和巨大画面的制作。这些建筑多是场面大、组合复杂、人物众多的亭台楼阁、连屋广厦，均被表现得参差错落、气势非凡。加上坐谈、行走、宴饮于其中的人物，穿插、活动于其中的动物和神异之物，既使画面生动有致、热闹非凡，也真实地反映了汉代徐州地区的富庶和权贵们生活的奢侈。徐州画像石与南阳画像石一样，多用质坚而脆的石灰石；不同的是，徐州画像石中有一些面积较大的石面，雕镌出丰富庞杂的画面。这种画面中，既有建筑，也有宴饮，还有车马出行、舞乐百戏等宏大场面。在这些大画面的平面构成上，人物、动物、灵异、建筑、藻饰等的安排密而不塞，疏而不空，繁杂而有秩序层次，宏大而有主从揖让。

无论是画像砖还是画像石，最后一道工序都应是上色和彩绘。细节和局部，正依赖于这一工序。一些砖、石上残留的色彩说明了这个事实。如陕北榆林画像石上有红、绿、白诸色残留，四川成都羊子山画像石上有红、黄、白诸色残留，河南南阳赵寨画像石上有多种色彩残留，等等。精美而富于感情的"文"，是今天借以判断这些砖、石审美情趣的依据，可惜已失去了。今天能看到的画像砖、石，大都是无色的，仅仅是原物的"素胎"和"质"，即砖、石的本色。岁月的销蚀，使这些砖、石从成品又回到半成品的状态。用半成品来断定当时的艺术水准并不可靠，仅从"质"出发对汉代艺术下判断也往往失之偏颇。半成品用来欣赏，给观众留下了足够的余地，给观念的艺术思维腾出了广为驰骋的天地。观众可用今天的审美观、今天对艺术的理解和鉴赏习惯，运用自己丰富的想象力，去参与这种极为自由的艺术创作，去完成那些空余的、剩下的部分。引而不发的艺术品，更能使人神思飞扬。这也是今天对画像砖、画像石的艺术性评价甚高的原因。汉画像的魅力就在于此。

画像砖、画像石作为一种特殊的艺术品，所依托的是秦汉的丧葬观念。秦汉王朝的兴衰史，也是画像砖、画像石艺术从发达到式微的过程。从这个意义上讲，画像砖、画像石艺术是属于特定时代的艺术。但是，画像砖、画像石所积累下的对砖、石这两种材料的各种应用经验，积累下来的在砖、石上进行创造的法则和原理，则通过制作画像砖、画像石的工匠们口手相传，流入后代历史的江河中。且不论汉以后的墓葬艺术中还随时可看到汉画像的影子，就是在佛教艺术开龛造窟的巨大营造工程中，在具体处理各种艺术形象时，也处处可见汉画像的创作原理和技法的运用。画像砖、画像石艺术是汉代人用以追求永恒的一种形式，但真正得以永恒的并不是人，而是画像砖、画像石艺术自身。

五

所谓画像，就其本义来说是指拓片上的图像，即平面上的画，而不是指原砖、原石。中国对汉代这些原砖、原石的研究，几百年来基本上是根据拓片来开展的。而且，用拓片做图像学式的研究还主要是近一百年的事。

画像砖、画像石多为浮雕，本属三维空间艺术。拓片则是二维空间艺术。以二维空间艺术（拓片的画面）对三维空间艺术进行研究，即对画像砖和画像石的布局、结构、气韵、情趣等方面进行研究，是中国特有的一种研究方法。从今天的角度或今天所具有的条件来看，应赋予古人的这种方法以新的含义，即拓片的研究应是综合性的。这种综合性是随画像砖、画像石本身的特点而来的。例如画像石的制作，起码有起稿上石、镌刻、彩绘、拓印这四个环节。每一个环节都是一次创作或再创作，如起稿上石所体现的线的运动和笔意，镌刻所体现的刀法和肌理，彩绘所体现的随类赋彩和气韵，拓印所体现的金石味、墨透纸背的力量感和石头的拙重感，等等。这四个环节是从平面到立体，又从立体回到平面，这种交替创作发人深省。拓片的出现最初肯定是以方便为动机，后来拓片就成了艺术的一种形式而被接受，这正体现了中国传统美学对艺术朦胧、得神、重情的一种要求。

拓片是我国特有的艺术工艺传拓的作品。汉画拓片，主要指汉代画像砖、画像石的拓片。这些拓片不是原砖塑、原石刻的机械、刻板的复制品，而是一种艺术的再创作。好的拓片不仅能将雕镌塑作的三维作品忠实地转换成二维图形，而且能通过传拓中所采用的特殊方法，在纸面上形成某些特殊的肌理或凹凸，使转换成的二维图形具有浓浓的金石韵味。拓片实质上是一种特殊的艺术品。正如所有的艺术品都有高低优劣之分，拓片也有工拙精粗之分。拓印粗拙的所谓拓片，既没有忠实记录下原砖、石上的图像信息，也没有很好地传达出原砖、石上特有的艺术韵味。这种所谓的拓片，就像聚焦模糊的照片，看似有物，实则空无一物，是废纸一张。而好的拓片历来被学者和艺术家所看重，而且往往成为他们做出一些重要学术判断的依据或提高艺术表现的借鉴。许多艺术家就是根据好的拓片创作出一些精彩作品的。

今天，汉代墓室画绘，汉画像砖、画像石的原砖、原石及其拓片，铜镜、瓦当及其拓片等汉代图像资料，被广泛地应用于多学科的研究和各类艺术创作实践中。古老的汉画，因其新的作用和特有的魅力，实现了自身的蜕变和升华，成为我们新时代文化构成的重要部分。

顾 森

2021 年 12 月 15 日

目 录

车马乘骑述要 …………………………………………… / 1

车 ……………………………………………………………… / 5

  轺车 …………………………………………………… / 7

  軿车 …………………………………………………… / 75

  斧车 …………………………………………………… / 82

  轩车 …………………………………………………… / 85

  辒车 …………………………………………………… / 86

  耕车 …………………………………………………… / 91

  輂车 …………………………………………………… / 104

  未名车及温凉车 ……………………………………… / 113

  辇车牛羊车等 ………………………………………… / 126

  卸驾马车 ……………………………………………… / 134

马 ………………………………………… / 139

    天马 ………………………………………… / 141

    备鞍马 ……………………………………… / 145

    无鞍马 ……………………………………… / 153

乘骑 ………………………………………… / 173

    骑吏 ………………………………………… / 175

    二骑吏 ……………………………………… / 257

    三骑吏 ……………………………………… / 281

    四骑吏 ……………………………………… / 285

    众骑吏 ……………………………………… / 291

    骑驼骑象等 ………………………………… / 295

车骑 ………………………………………… / 299

    车骑 ………………………………………… / 301

汉代车舆 …………………………………… / 390

车马乘骑述要

中国爱马、崇马之风由来已久，车马在中国古代有很特殊的地位。先秦时期，车马往往是衡量一个国家国力的标尺。一车御四马称为"一乘"，因此那些具有军事实力的强国便被形容为"千乘之国""万乘之国"。而组成车马的马，又多作为人的借喻。如善识良马（千里马）的伯乐、九方皋等，就常被论者比作善识人才者，"千里马"也成为人才的代名词。进入秦汉后，虽然兵车数量的多寡在一段时间里仍是衡量国力的尺度，但由于骑兵这一兵种的迅速发展，兵马的多寡遂逐渐取代了以乘为单位的计量方法。

车马观念发生根本改变是在汉代。首先表现为西汉初期以车马来显示军事力量转变为西汉中期以后车马成为财富或地位的象征。从秦末楚汉之争到汉代立国，直到汉景帝前期，社会要么处于战争中，要么处于不安定状态。这种现实使军事力量显得尤为重要。兵车、兵马正是军事力量最直接的象征。这一点通过陕西咸阳、西安，江苏徐州，湖南长沙，湖北江陵等地区秦至西汉前期的墓葬出土物可得到印证。这些墓葬中出土的俑或帛画，凡是表现为车马者，多是实战用的兵车、兵马。从西汉中期开始，俑也好，画也好，表现为车马者，多是非实战用的仪仗车马或护卫车马。西汉初年，因经年战乱，国力疲敝，经济萎靡，不仅将相多乘牛车，就是天子之车，也配不齐同种毛色的四匹马。即使在汉景帝时期，一些贫穷的诸侯也只能乘牛车。汉经文景之治，到汉武帝时国力大增，阡陌之间牛马成群，车马不再是奢侈之物。当时衡量人的身份的标准，不是有马无马，而是马的多寡好坏。《汉书·食货志》中记载的连骑母马都不能参加聚会的现象，便是这种以马表示身份的典型例子。汉代车马观念发生变化的另一个表现是将马从车马中分离出来。当然，这一变化是先秦"千里马"认识的一种延续，但更为重要的是汉武帝对西域所谓"天马""汗血马"的偏爱和孜孜以求。汉武帝从军事需要（断匈奴之后方）和改良中国马种两个角度出发，以获得大宛良种马（汉代人称之为"天马"或"汗血马"）为名发动了对西域的战争。此次战役从太初元年（前104）至太初四年（前101），由贰师将军李广利率汉军两度出征，汉军兵马损失惨重，最后，对抗汉廷的大宛王被杀，大宛重新内附汉廷，丝绸之路得以畅通。李广利又挑选大宛"善马数十匹，中马以下牡牝三千余匹"回朝。汉武帝得大宛之马，作《天马歌》曰："天门开，詄荡荡，穆并骋，以临飨。光夜烛，德信著，灵浸鸿，长生豫。"将良马的到来视为汉王朝国威的象征，视为长生之路通达。这种追求使这类马脱离了它的实用价值，而成为某种理想或美好之物的象征。马不仅成为为个人和国家增光添彩的灵物，也是连接人神两界的使者，或是人通向仙界的载运者。由于汉武帝对马的过度追求，汉武帝以后，社会上形成了一股爱马风潮。这种风潮，体现在升仙求长生中，表现为各种形式的天马；体现在世间生活中，多表现为车骑出行和田猎出行。如皇帝大驾出行，"备千乘万骑"（蔡邕《独断》；《后汉书·舆服上》）。东汉明帝时，百官上朝，"车如流水，马若飞龙"（《晋书·食货志》）。在京师以外的地方，太守一类人出门，"车骑满道"（《三国志·吴书·士燮传》）。富实之家也是"鲜车怒马"，驰行于市（《后汉书·第五伦传》）。这些内容，大量存在于画像砖、画像石中。

车是中国古代主要的代步工具。从考古材料来看，至迟到商代已出现了形式较为固定的车。发展到汉代，车已在用途、尺寸等方面有了较细、较明确的分类。汉画中所表现或记录的车，主要有下列各类：

轺车，座厢四面敞露之车，又称"遥车"，指人坐在车上能四顾，看得远。轺车属轻便之车，多以一马为驾，车厢小，车速快，是汉代最常用之车。

轓车，轺车加一对车耳即为轓车。车耳多呈长方形，外侧有垂下的边板，既用作车轮顶部的障泥，也是身份、地位的象征。如二千石官吏的二车耳均为红色，而千石至六百石官吏则只有左车耳上涂有红色。

斧车，座厢中竖立大斧之车。斧车是公卿以下、县令以上的官吏出行时的前导之车。

安车，专指坐乘之车，四马为驾。在汉画的车马出行图中，安车多用作主车，可见是有地位之人乘坐之车。改坐乘为立乘之车，则谓之"立车"或"高车"。

轩车，轺车施帷，自车盖而下连接两侧座厢作为屏蔽，称为轩车。

辎车，四面车厢封闭严密，后开门，两侧有窗之车。车盖多呈椭圆形，顶部隆起，有若鳖甲。辎车多为妇女乘坐。

輧车，类似辎车，区别仅在于辎车车厢后有后辕，而輧车车厢后无后辕。

辇车，座厢上装有卷篷之车。除用马驾外，与用牛驾的大车相同。辇车为妇女用车。

乘骑是指人与马的组合。这一组合的出现是由改革、进步促成的。战国时期赵武灵王胡服骑射，开战国七雄风气之先，也是华夏故土乘骑之风的起始。自战国经秦至汉，是骑兵兵种由雏形到定型的时期；而乘骑由军事需要进入日常生活中，则是在汉代。究其原因，马鞍可能是其中一个让人不易觉察但又非常重要的因素。汉初至西汉后期，鞍具从略具形状发展到已有鞍桥。东汉后期，有了设计成熟、包括障泥的鞍具。鞍具从略具雏形到有了成熟设计的过程，就是乘坐从不自在到自在的过程，也是乘骑从不普及到普及的过程。在汉画里，乘骑形象在西汉后越来越多，越来越生动，实际上就是这段历史的反映。

马是画像砖、画像石中表现得最多、最生动、最有艺术感染力的动物。在具体描绘时，汉代人不断地追求马的美的规范，如小头、细腿、大蹄，饱满壮实的颈、胸、臀。这是见诸各地画像砖、画像石中一种健壮、精干、充满力量的良马形象。如在四川成都《骑吹》画像砖中，马被刻塑得颇为雄壮。马身上的线条，本是起表现细部的作用，但由于这些线条是丝丝扣住形体各部分的结构来施用的，因而看起来就像是一个铸件在铸造时留下的接缝，使这些马显得如铜浇铁铸般威武、壮实。介于形与线之间的马的劲细的长腿，更使人想起"向前敲瘦骨，犹自带铜声"（李贺《马诗二十三首·其四》）这类咏马名句。又如甘肃武威雷台所出铜奔马，被认为是好马、快马的标准样式：头微偏转，两前腿上下提举，两后腿一腿踏燕（着地），一腿后扬。在画像砖、画像石中，铜奔马的这种姿态处处可见。这种造型，作为一种完善的形式，代表了汉代人对"飞奔"的理解和概括，是汉代人总结出来的一种完美、理想的奔跑形式。正因为如此，它才作为一种典型的造型程式在汉画中被大量使用。在马与马、马与车的组合上，画像砖、画像石中有很多出色的作品，如河南南阳《田猎出行》石刻，四川成都羊子山1号墓《车马出行》石刻，四川成都《车马过桥》画像砖，四川德阳《四骑吏》画像砖，江苏徐州铜楼《车马出行》石刻，山东嘉祥武氏祠、嘉祥隋家庄、长清郭巨祠《车马出行》石刻，等等，都有以充满力量感的马为主题的壮观场面，而且一个地区有一种风格，一个地区有一种独特的表现。其中，以山东嘉祥隋家庄《车马出行》石刻和四川德阳《四骑吏》画像砖为代表的作品，将马快步跑动时的姿态和这种跑动所形成的动势表现得尤为鲜明。这两件作品中马的运动在画面上形成一种起伏感，而这种起伏又是按一定的节奏在重复，从而产生了一种向前推进的波动感。画像砖、画像石在对马的纵深的表现上也有相当的成就，如山东嘉祥武氏祠石刻上的正面马，河南新野画像砖上的背面马，山东安丘董家庄汉墓画像石上的正面、背面双马，等等，都是从新的角度进行的刻画。马的动态，有奔跑、腾跳、快步、缓行、举首、扭头等等，虽说不上穷尽马态，但描绘的马姿丰富多彩，充满了运动感。此外，汉画也给我们留下了古代许多优良品种的马的形象。如前述的大宛马，据记载，其两耳间长有一角状肉冠，称为"肉角"或"肉鬃"。大宛马的这一特征，汉武帝茂陵陵区无名冢出土的鎏金铜马已给予了表现，画像砖、画像石中也时有表现。在同样喜爱西域马的六朝和唐代，有种毛色青而带旋纹毛的马极受人珍爱。这种旋纹被称为"连钱纹"。这种马在六朝及唐代的诗歌中被吟咏再三，如"朱轮玳瑁车，紫鞚连钱马"（吴均《赠周散骑兴嗣诗二首·其二》），"长安好少年，骢马铁连钱"（沈炯《长安少年行》），"马毛带雪汗气蒸，五花连钱旋作冰"（岑参《走马川行奉送出师西征》），"龙脊贴连钱，银蹄白踏烟"（李贺《马诗二十三首·其一》），等等。但关于这种马，六朝和唐代并未给我们留下可信的图像材料，倒是在汉画中还能找寻到一些实例，如江苏徐州铜楼的车马图中就可以看到一些带旋纹毛的马的形象。

汉代对马的多方面刻画，对后代画马之风有很大的影响。画像砖、画像石是坟墓中的艺术，一天不出土，就一天不为人所知。但画像砖、画像石上体现出来的画马的高超技术，必定是汉代画马成就的反映。在汉代供奉于朝廷的专业画家中，《西京杂记》卷二记载有陈敞、刘白、龚宽等"工为牛马飞鸟众势"的高手。他们的画在世上流传，也为世人所仿效。魏晋南北朝时，南齐毛惠远为画马名家。至唐，则有曹霸、陈闳、韩幹、韦偃等成就斐然的画马名家，画马成了中国画专有的一科——鞍马科。在这一发展脉络中，画马史上的第一个高峰就是汉代。

车

榜题　**令车**　东汉　山东嘉祥武氏祠前石室第四石　石

榜题　**此君车马**　东汉　山东嘉祥武氏祠　石

榜题　**汉使者（四维轺车）**　东汉　山东嘉祥武氏祠　石

榜题　**君车**　东汉　山东嘉祥武氏祠　石

辂车

榜题　尉卿（辂车）　东汉　山东　石

榜题　尉卿车　东汉　山东嘉祥武氏祠　石

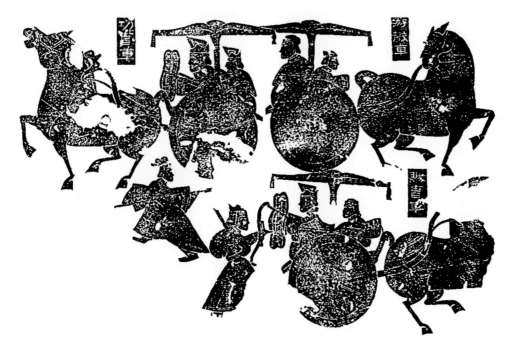
榜题　功曹车　游徼车　贼曹车（辂车）　东汉　山东嘉祥武氏祠　石

榜题　功曹车　东汉　山东嘉祥武氏祠　石

榜题　游徼车　东汉　山东嘉祥武氏祠　石

榜题 门下游徼 东汉 山东嘉祥武氏祠前石室第四石 石

榜题 门下游徼 东汉 山东嘉祥武氏祠 石

轺车

榜题 门下贼曹 东汉 山东嘉祥武氏祠前石室第四石 石

榜题 门下功曹 东汉 山东嘉祥武氏祠前石室第四石 石

榜题 行亭车 东汉 山东嘉祥武氏祠 石

榜题 赵简子（四维轺车） 东汉 山东嘉祥武氏祠 石

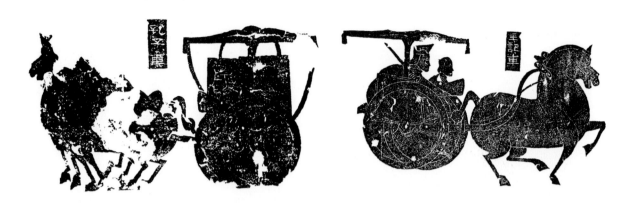

榜题 孔子车（四维辒车） 东汉 山东嘉祥武氏祠 石　　榜题 主记车（辒车） 东汉 山东嘉祥武氏祠 石

榜题 主薄车（辒车） 东汉 山东嘉祥武氏祠前石室第四石 石

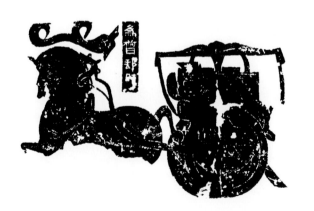 

榜题 为督邮时（辒车） 东汉 山东嘉祥武氏祠 石　　榜题 主薄车（辒车） 东汉 山东嘉祥武氏祠 石

榜题　西部督邮　东部督邮（轺车）　东汉　山东嘉祥（瑞典国家博物馆藏）　石

榜题　亭长讨贼（轺车）　东汉　河南鄢陵　砖

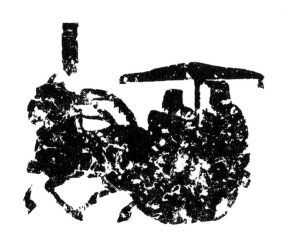

榜题　□□（轺车）　东汉　山东泰安　石

榜题　家产黑驹（轺车）　东汉　四川郫县　石

轺车

安车（驷驾四维轺车） 东汉 山东 石

安车（驷驾轺车） 东汉 山东嘉祥 石

骖驾四维轺车 东汉 山东嘉祥武氏祠 石

骖驾四维轺车 东汉 四川新都 砖

骖驾轺车 东汉 江苏徐州 石

骖驾轺车　东汉　山西离石　石

骖驾四维轺车　东汉　四川绵阳　石

骖驾轺车　东汉　四川彭州　砖

双驾四维轺车　东汉　河南南阳　石

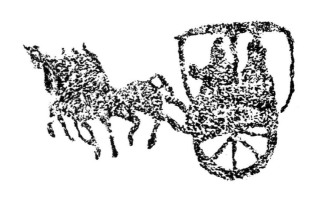
双驾四维轺车　东汉　江苏徐州　石

双驾四维轺车 东汉 河南南阳 砖

四维轺车 东汉 安徽萧县 石

双驾四维轺车 东汉 江苏徐州 石

四维轺车 东汉 河南
（山东青岛汉画像砖博物馆藏） 砖

四维轺车 东汉 河南
（山东青岛汉画像砖博物馆藏） 砖

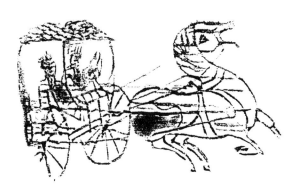

四维轺车 东汉 河南
（山东青岛汉画像砖博物馆藏） 砖

双驾四维轺车 东汉 河南
（山东青岛汉画像砖博物馆藏） 砖

四维轺车 东汉 河南唐河 砖

四维轺车 东汉 河南新野 砖

四维轺车 东汉
江苏师范大学汉文化研究院藏 石

四维轺车 东汉
江苏师范大学汉文化研究院藏 石

四维轺车 东汉 江苏徐州 石

四维轺车 东汉 江苏徐州 石

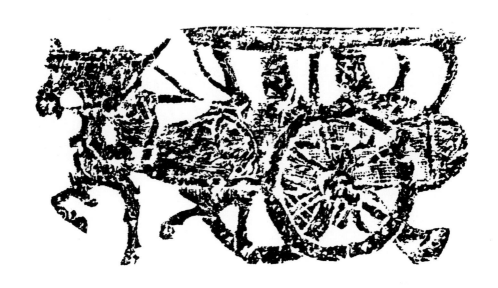

四维轺车 东汉 江苏徐州 石

四维轺车 东汉 江苏徐州 石

四维轺车 东汉 江苏徐州 石

车马乘骑

辎车

四维辎车 东汉 江苏徐州 石

四维辎车 东汉 江苏徐州 石

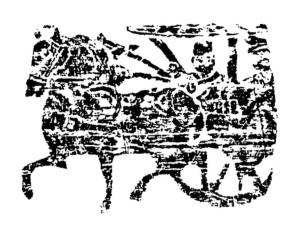

四维辎车 东汉 江苏徐州 石

四维辎车 东汉 江苏徐州 石

四维辎车 东汉 江苏徐州 石

四维辎车 东汉 江苏徐州 石

辎车

四维辎车　东汉　江苏徐州　石

四维辎车　东汉　江苏徐州　石

四维辎车　东汉　江苏徐州　石

四维辎车　东汉　江苏徐州　石

四维辎车　东汉　江苏徐州　石

四维辎车　东汉　江苏徐州　石

车马乘骑

辎车

四维辎车　东汉　江苏徐州　石

四维辎车　东汉　山东　石

四维辎车　东汉　江苏徐州　石

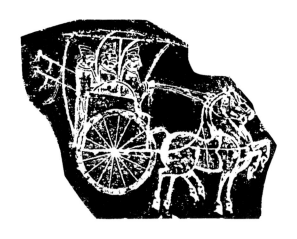

四维辎车　东汉　山东长清孝堂山　石

四维辎车　东汉　山东长清孝堂山　石

辎车

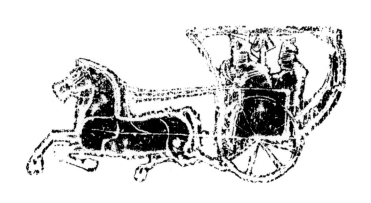

四维辎车 东汉 山东嘉祥 石　　　　　　　**四维辎车** 东汉 山东嘉祥 石

四维辎车 东汉 山东嘉祥 石

四维辎车 东汉 山东嘉祥武氏祠 石

四维轺车　东汉　山东巨野　石

四维轺车　东汉　山东梁山　石

四维轺车　东汉　山东临沂　石

四维轺车　东汉　山东临沂　石

四维轺车 东汉 山东临沂 石

四维轺车 东汉 山东临沂 石

四维轺车 东汉 山东临沂 石

四维轺车 东汉 山东临沂城西桥畔 石

车马乘骑

辎车

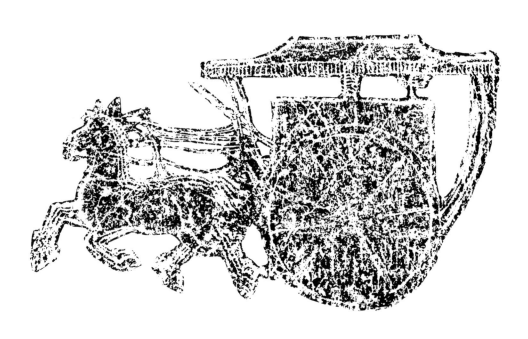

四维辎车 东汉 山东平邑南武阳东阙 石

四维辎车 东汉 山东曲阜 石

四维辎车 东汉 山东 石

四维辎车 东汉 山东泰安 石

四维辎车 东汉 山东泰安 石

四维轺车 东汉 山东滕州 石

四维轺车 东汉 山东滕州 石

四维轺车 东汉 山东滕州 石

四维轺车 东汉 山东滕州 石

四维轺车 东汉 山东滕州 石

四维轺车 东汉 山东滕州 石

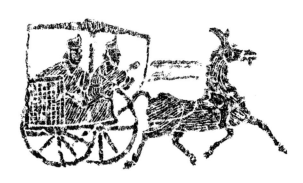
四维轺车 东汉 山东滕州 石

四维轺车 东汉 山东招远 石

四维轺车（反相） 东汉 山东招远 石

四维轺车 东汉 山东 石

轺车

四维轺车　东汉　四川什邡　砖

四维轺车　东汉　四川成都　砖

四维轺车　东汉　四川新津　石

四维轺车　东汉　四川成都　砖

四维轺车　东汉　四川成都　砖

四维轺车 东汉 陕西榆林 石

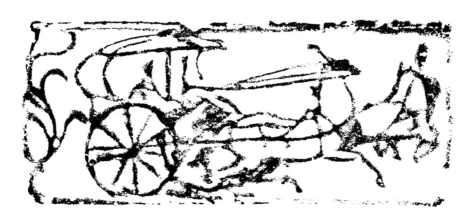

四维轺车 东汉 四川梓潼 砖

轺车（前后厢车身） 东汉 四川德阳黄许镇 砖

双驾轺车　东汉　河南密县　砖

双驾轺车　东汉　河南密县　砖

双驾轺车　东汉　河南新野　砖

双驾轺车　东汉　河南新野　砖

轺车（车队）　东汉　四川三台　砖

双驾轺车　东汉　河南新野　砖

双驾轺车　东汉　河南新野　砖

双驾轺车　东汉　河南新野　砖

双驾轺车　东汉　河南新野　砖

双驾轺车　东汉　河南南阳　砖

中国汉画大图典

軺车

双驾四维軺车 东汉 河南新野 砖

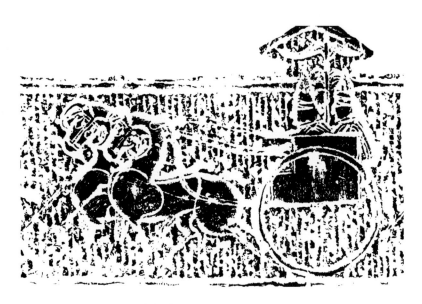

双驾軺车 东汉 山东嘉祥 石

双驾軺车 东汉
江苏师范大学汉文化研究院藏 石

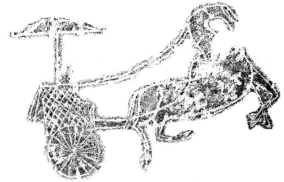

軺车 东汉 安徽淮北 石

车马乘骑

轺车

轺车 东汉 安徽萧县 石

轺车 东汉 安徽萧县 石

轺车 东汉 河南（山东青岛汉画像砖博物馆藏） 砖

轺车 东汉 河南登封太室阙 石

轺车 东汉 河南南阳 石

轺车

轺车　东汉　河南方城　砖

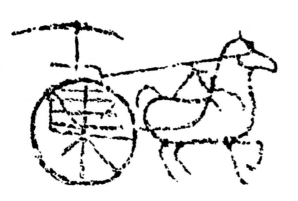

轺车　东汉　河南密县　砖

轺车　东汉　河南密县　砖

轺车　东汉　河南密县　砖

轺车　东汉　河南密县　砖

轺车 东汉 河南密县 砖

轺车 东汉 河南密县 砖

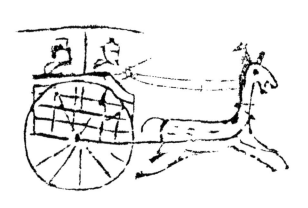

轺车 东汉 河南密县 砖

轺车 东汉 河南新野 砖

轺车 东汉 河南新野 砖

轺车 东汉 河南新野 砖

轺车

轺车　东汉　河南南阳　砖

轺车　东汉　河南南阳　砖

轺车　东汉　河南南阳　砖

轺车　东汉　河南南阳沙岗店　石

轺车　东汉　河南商丘　石

轺车　东汉　河南商丘　石

轺车 东汉 河南商丘 石

轺车 东汉 河南 石

轺车 东汉 河南唐河 石

轺车 西汉 河南唐河 石

轺车 西汉 河南唐河 石

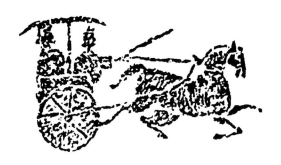
轺车 西汉 河南唐河 石

軺车 西汉 河南唐河 石

軺车 西汉 河南唐河 石

軺车 东汉 河南唐河 石

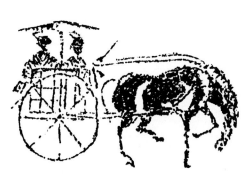
軺车 东汉 河南唐河 砖

軺车 东汉 河南唐河 石

軺车 东汉 河南淅川 砖

轺车 东汉 河南新野 砖

轺车 东汉 河南新野 砖

轺车 东汉 河南新野 砖

轺车 东汉 河南新野 砖

轺车 东汉 河南新野 砖

轺车 东汉 河南新野 砖

轺车 东汉 河南郑州 砖

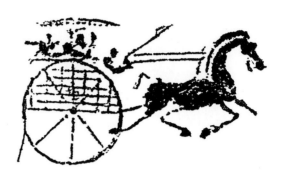

轺车 东汉 河南郑州 砖

轺车 东汉 河南郑州 砖

轺车 东汉 河南郑州 砖

四维轺车 东汉 河南郑州 砖

轺车 东汉 河南郑州 砖

轺车　东汉　河南郑州　砖

轺车　东汉　河南郑州　砖

轺车　东汉　河南郑州　砖

轺车　东汉　河南郑州　砖

轺车　东汉　河南郑州　砖

轺车　东汉　河南郑州　砖

轺车　东汉　河南郑州　砖

辂车　东汉　江苏徐州　石

辂车　东汉　江苏徐州　石

辂车　东汉　江苏徐州　石

辂车　东汉　江苏徐州　石

辂车　东汉　江苏徐州　石

辂车　东汉　江苏徐州　石

轺车 东汉 江苏徐州 石

轺车 东汉 江苏徐州 石

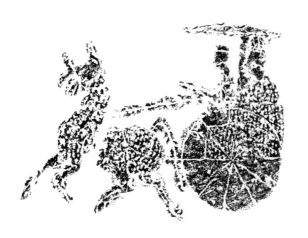
轺车 东汉 江苏徐州 石

轺车 东汉 江苏徐州 石

轺车 东汉 山东 石

轺车 东汉 山东 石

中国汉画大图典

辎车

辎车　东汉　山东　石

辎车　东汉　山东　石

辎车　东汉　山东　石

辎车　东汉　山东　石

四维辎车　东汉　山东　石

辎车　东汉　山东苍山　石

辎车　东汉　山东苍山　石

轺车 东汉 山东长清孝堂山 石

轺车 东汉 山东城武 石

轺车 东汉 山东济宁 石

轺车 东汉 山东济宁 石

轺车

轺车　东汉　山东济宁　石

轺车　东汉　山东济宁　石

轺车　东汉　山东济宁　石

轺车　东汉　山东济宁　石

轺车　东汉　山东济宁　石

轺车　东汉　山东济宁慈云寺　石

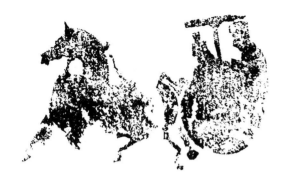

轺车　东汉　山东嘉祥　石

轺车　东汉　山东嘉祥　石

轺车　东汉　山东嘉祥　石

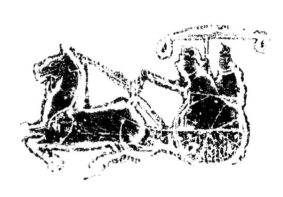

轺车　东汉　山东嘉祥　石

轺车　东汉　山东嘉祥　石

轺车　东汉　山东嘉祥　石

轺车 东汉 山东嘉祥武氏祠 石

轺车 东汉 山东嘉祥武氏祠 石

轺车 东汉 山东嘉祥武氏祠 石

车马乘骑

轺车　东汉　山东嘉祥　石

轺车　东汉　山东嘉祥　石

轺车　东汉　山东嘉祥武氏祠东阙　石

轺车　东汉　山东历城　石

轺车

轺车　东汉　山东临沂　石

轺车　东汉　山东临沂　石

轺车　东汉　山东临沂　石

轺车

轺车 东汉 山东临沂 石

轺车 东汉 山东临沂 石

四维轺车 东汉 山东临沂 石

四维轺车　东汉　山东临沂　石

轺车　东汉　山东临沂　石

轺车　东汉　山东临沂　石　　　　**轺车**　东汉　山东临沂　石

轺车 东汉 山东临沂 石

轺车 东汉 山东临沂 石

轺车 东汉 山东泰安 石

轺车 东汉 山东泰安 石

轺车 东汉 山东滕州 石

轺车 东汉 山东滕州 石

车马乘骑

轺车 东汉 山东滕州 石

轺车

轺车 东汉 山东滕州 石

轺车 东汉 山东滕州 石

轺车 东汉 山东滕州 石

轺车 东汉 山东滕州 石

轺车 东汉 山东滕州 石

轺车 东汉 山东滕州 石

轺车 东汉 山东滕州 石

轺车 东汉 山东滕州 石

轺车 东汉 山东滕州 石

轺车 东汉 山东滕州 石

轺车　东汉　山东滕州　石

轺车　东汉　山东滕州　石

轺车　东汉　山东滕州　石

轺车　东汉　山东滕州　石

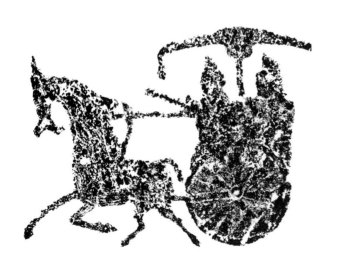
轺车　东汉　山东滕州　石

轺车　东汉　山东滕州　石

轺车 东汉 山东滕州 石

轺车 东汉 山东滕州 石

轺车 东汉 山东滕州 石

轺车 东汉 山东滕州 石

轺车 东汉 山东滕州 石

轺车 东汉 山东滕州 石

轺车　东汉　山东滕州　石

轺车　东汉　山东滕州　石

轺车　东汉　山东滕州　石

轺车　东汉　山东滕州　石

轺车　东汉　山东滕州　石

轺车　东汉　山东滕州　石

轺车 东汉 山东滕州 石

轺车 东汉 山东滕州 石

轺车 东汉 山东滕州 石

轺车 东汉 山东滕州 石

轺车 东汉 山东滕州 石

轺车 东汉 山东滕州 石

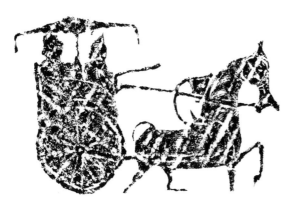
辎车　东汉　山东滕州　石

辎车　东汉　山东滕州　石

辎车　东汉　山东滕州　石

辎车　东汉　山东滕州　石

辎车　东汉　山东滕州　石

双驾辎车　东汉　山东滕州　石

辎车　东汉　山东滕州　石

辎车　东汉　山东滕州　石

轺车 东汉 山东滕州 石

轺车 东汉 山东滕州 石

轺车 东汉 山东滕州 石

轺车 东汉 山东滕州 石

轺车 东汉 山东滕州 石

轺车 东汉 山东微山 石

轺车 东汉 山东微山两城山 石

轺车 东汉 山东沂南北寨 石

轺车 东汉 山东沂南北寨 石

轺车 东汉 山东沂南北寨 石

轺车 东汉 山东沂南北寨 石

轺车 东汉 山东沂南北寨 石

軺车 东汉 山东微山两城山 石

軺车 东汉 山东微山两城山 石

軺车 东汉 山东微山两城山 石

軺车 东汉 山东微山两城山 石

双驾軺车 东汉 山东汶上 石

軺车 东汉 山东汶上 石

軺车 东汉 山东邹城 石

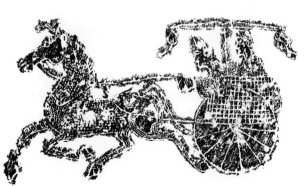
軺车 东汉 山东邹城 石

轺车 东汉 山东邹城 石

轺车 东汉 山东邹城 石

轺车 东汉 山东邹城 石

轺车 东汉 山西省艺术博物馆藏 石

轺车 东汉 陕西米脂 石

轺车 东汉 陕西米脂 石

轺车 东汉 陕西绥德 石

轺车 东汉 陕西绥德 石

辎车　东汉　陕西绥德　石　　　　　　　　辎车　东汉　陕西绥德　石

辎车　东汉　陕西绥德　石

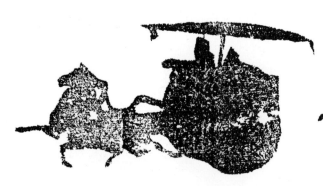 

辎车　东汉　陕西绥德　石　　　　　　　　辎车　东汉　陕西绥德　石

辎车　东汉　陕西绥德　石　　　　　　　　辎车　东汉　陕西绥德　石

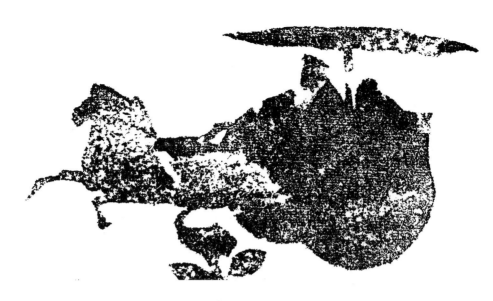

辎车 东汉 陕西绥德 石

辎车

辎车 东汉 陕西榆林 石

辎车 东汉 陕西榆林 石

辎车 东汉 陕西榆林 石

辎车 东汉 陕西榆林 石

軺车 东汉 陕西榆林 石

軺车 东汉 陕西榆林 石

軺车 东汉 四川博物院藏 砖

軺车 东汉 四川长宁 石

軺车 东汉 四川成都 砖

轺车 东汉 四川大邑 砖

轺车 东汉 四川德阳 砖

轺车 东汉 四川德阳 砖

轺车 东汉 四川德阳黄许镇 砖

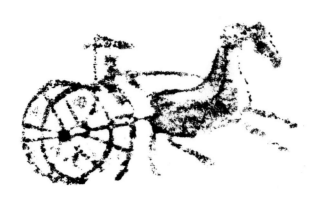
辎车　东汉　四川广汉　砖

辎车　东汉　四川广汉　砖

辎车　东汉　四川广汉　砖

辎车　东汉　四川德阳　砖

辎车　东汉　四川广元　砖

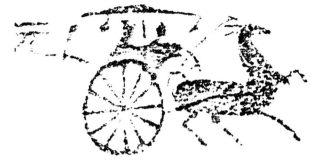
辎车　东汉　四川金堂　砖

辎车　东汉　四川剑阁　砖

辎车　东汉　四川剑阁　砖

轺车 东汉 四川彭州 砖

轺车 东汉 四川彭州 砖

轺车 东汉 四川乐山萧坝 石

车马乘骑

辎车

辎车 东汉 四川彭州 砖

辎车 东汉 四川新都 砖

辎车 东汉 四川彭州 砖

辎车 东汉 四川新都 砖

辎车 东汉 四川郫县 石

軺车 东汉 四川新津 石　　　　　　　　**軺车** 东汉 浙江海宁 石

四维軺车 东汉 四川新津 石

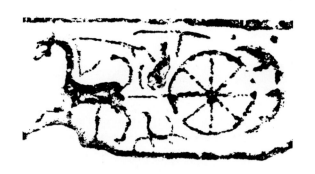 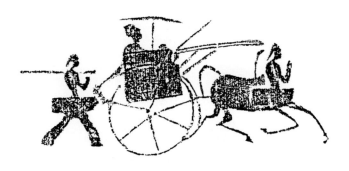

軺车 东汉 重庆梁平 砖　　　　　　　　**軺车与伍伯** 东汉 河南郑州 砖

轺车与持盾矛伍伯　东汉　四川成都　砖

轺车与持弩伍伯　东汉　四川成都　砖

轺车与伍伯　东汉　浙江海宁　石

轺车与伍伯　东汉　山东临沂　石

轺车与伍伯　东汉　山东济宁　石

轺车与伍伯　东汉　四川博物院藏　砖

轺车与伍伯　东汉　四川大邑　砖

轺车与伍伯　东汉　四川大邑　砖

轺车与伍伯　东汉　四川广汉　砖

轺车与伍伯　东汉　四川郫县　石　　　　**轺车与伍伯**　东汉　四川绵阳　石

中国汉画大图典

辎车

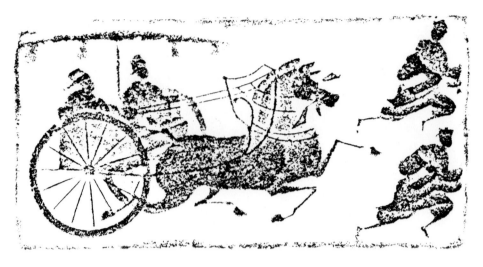

軺车与伍伯　东汉　四川彭州　砖

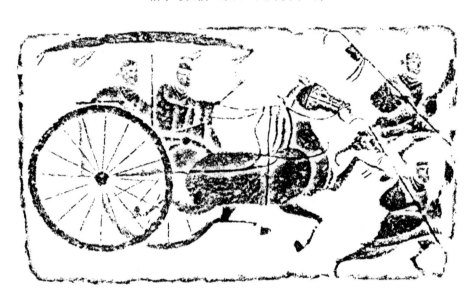

軺车与伍伯　东汉　四川彭州　砖

軺车与伍伯　东汉　四川彭州　砖

榜题 君车（四维辒车） 东汉 山东潍县（法国巴黎卢浮宫藏） 石

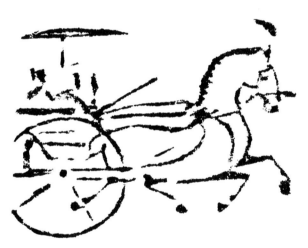

辒车 东汉 河南密县 砖

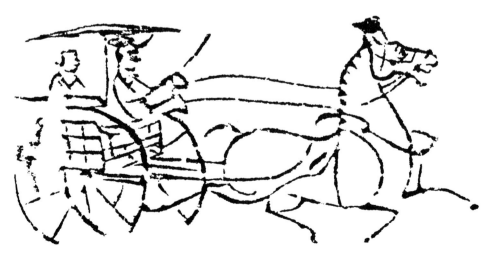

辒车 东汉 河南密县 砖

輧车 东汉 河南郑州 砖

輧车 东汉 河南舞阳 砖

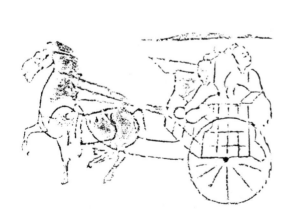

輧车 东汉 河南郑州 砖

輧车 东汉 河南镇平 砖

辒车　东汉　四川崇州　砖

辒车　东汉　四川广元　砖

辒车　东汉　四川剑阁　砖

四维辒车　东汉　江苏徐州　石

四维轓车　东汉　江苏徐州　石　　　　　　四维轓车　东汉　山东临沂　石

四维轓车　东汉　四川广汉　砖　　　　　　四维轓车　东汉　四川彭州　砖

四维轓车与伍伯　东汉　山东济宁　石

双驾四维轓车
东汉
山东滕州
石

四维轓车与伍伯
东汉
四川大邑
砖

双驾四维轓车
东汉
河南南阳
砖

双驾四维辎车 东汉 四川成都 砖

骖驾辎车 东汉 河南南阳 石

骖驾四维辎车 东汉 山东滕州 石

骖驾四维辎车 东汉 四川成都 砖

骖驾四维辎车 东汉 四川成都 砖

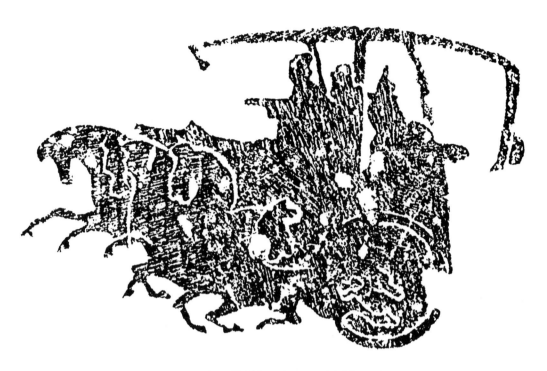

驷驾四维辒车 东汉 四川成都 石

驷驾四维辒车 东汉 山东长清孝堂山 石

斧车　东汉　四川新都　砖

斧车　东汉　山东沂南北寨　石

斧车　东汉　山东巨野　石

斧车　东汉　山东临沂　石

斧车　东汉　山东苍山　石

斧车　东汉　山东苍山　石

斧车　东汉　山东苍山　石

斧车　东汉　山东滕州　石

斧车

斧车　东汉　四川彭山　砖

斧车　东汉　四川彭州　砖

斧车　东汉　四川德阳柏隆　砖

斧车　东汉　四川成都　砖

斧车　东汉　四川成都　砖

轩车 东汉 江苏徐州 石

轩车 东汉 山东苍山 石

轩车 东汉 山东临沂 石

榜题 辎车 东汉 山东嘉祥 石

榜题 置车（辎车） 东汉 山东福山 石

辎车 东汉 河南南阳沙岗店 石

辎车 东汉 江苏徐州 石

辎车 东汉 江苏徐州 石

辎车 东汉 江苏睢宁九女墩 石

辎车 东汉 江苏睢宁九女墩 石

辎车 东汉 山东福山 石

辎车 东汉 山东临沂 石

辎车 东汉 山东临沂 石

辎车 东汉 山东滕州 石

辎车 东汉 山东滕州 石

辎车　东汉　山东潍县　石

辎车　东汉　山东潍县　石

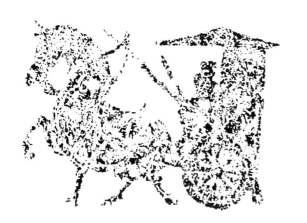

辎车　东汉　山东邹城　石

辎车　东汉　山东邹城　石

辎车 东汉 山东东平后魏雪 石

辎车 东汉 山东邹城 石

辎车 东汉 陕西绥德 石

辎车 东汉 四川渠县 石

辎车 东汉 四川成都 砖

辎车　东汉建和元年（147）　山东嘉祥武氏祠西阙　石

双驾辎车　东汉　山东滕州　石

双驾辎车　东汉　山东滕州　石

双驾辎车 东汉 山东滕州 石

双驾辎车 东汉 山东滕州 石

骖驾辎车 东汉 山东滕州 石

骖驾辎车 东汉 山东滕州 石

双驾辎车　东汉　山东邹城　石

骖驾辎车　东汉　河南商丘　石

辎车　东汉　安徽萧县　石

耕车

骖驾軿车　东汉　江苏徐州茅村　石

軿车　东汉　江苏徐州　石

軿车　东汉　江苏徐州　石

軿车　东汉　江苏徐州　石

軿车 东汉 山东 石

軿车 东汉 江苏徐州 石

軿车 东汉 山东 石

軿车 东汉 山东 石

軿车 东汉 山东 石

輧车

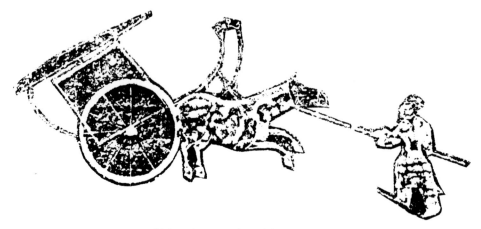
輧车　东汉　山东长清郭巨祠　石

輧车　东汉　山东嘉祥武氏祠　石

輧车　东汉　山东嘉祥武氏祠　石

輧车　东汉　山东临沂　石

輧车　东汉　山东临沂　石

车马乘骑

轺车　东汉　山东临沂　石

轺车　东汉　山东临沂　石

轺车

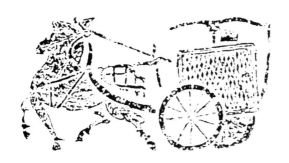

轺车　东汉　山东临沂　石

轺车　东汉　山东临沂　石

軺車 东汉　山东滕州　石

軺车 东汉　山东滕州　石

軺车 东汉　山东滕州　石

軺车 东汉　山东滕州　石

軺车 东汉　山东滕州　石

軺车 东汉　山东滕州　石

軿车 东汉 山东滕州 石

軿车 东汉 山东沂南北寨 石

軿车 东汉 山东微山两城山 石

軿车 东汉 山东微山 石

耕车

耕车　东汉　山东微山　石

耕车　东汉　山东微山两城山　石

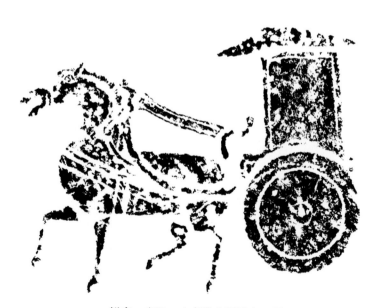

耕车　东汉　山东微山两城山　石

辎车 东汉 山东邹城 石

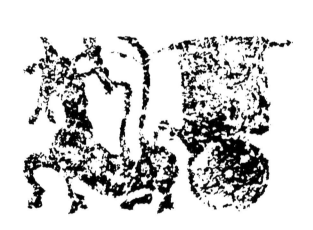

辎车 东汉 山东邹城 石

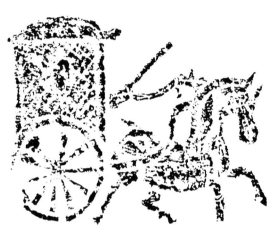

辎车 东汉 山东邹城 石

辎车 东汉 山东邹城 石

辎车 东汉 山东邹城 石

軿车 东汉 山东邹城 石

軿车 东汉 山东邹城 石

軿车 东汉 山东邹城 石

軿车 东汉 山东邹城 石

辂车 东汉 陕西绥德 石

辂车 东汉 陕西绥德 石

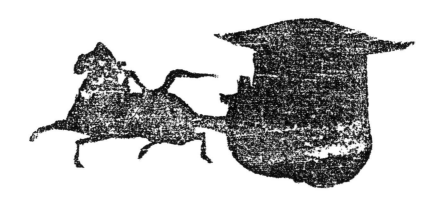
辂车 东汉 陕西绥德 石

辂车 东汉 陕西榆林 石

辂车 东汉 陕西榆林 石

辂车过桥 东汉 江苏睢宁九女墩 石

辇车　东汉　江苏徐州　石

辇车　东汉　江苏徐州　石

辇车　东汉　江苏徐州　石

辇车　东汉　江苏徐州　石

辇车　东汉　江苏徐州　石

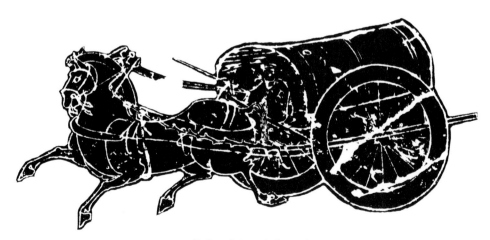

辇车　东汉　山东　石

辇车　东汉　山东　石

辇车　东汉　山东　石

辇车　东汉　山东　石

车马乘骑

辇车 东汉 山东嘉祥 石

辇车 东汉 山东临沂 石

辇车 东汉 山东沂南 石

辇车

辇车 东汉 山东临沂 石

辇车　东汉　山东临沂　石

辇车　东汉　山东临沂　石

辇车　东汉　江苏徐州　石

辇车 东汉 山东临沂王右军祠 石

辇车 东汉 山东沂南北寨 石

辇车 东汉 四川成都羊子山 砖

辇车 东汉 四川成都 砖

輂车 东汉 四川广汉 砖

輂车 东汉 四川广汉 砖

輂车 东汉 四川广汉 砖

輂车 东汉 四川彭州 砖

輂车 东汉 四川乐山萧坝 石

輂车 东汉 四川泸州 石

辇车 东汉 四川彭州 砖

辇车 东汉 四川成都 砖

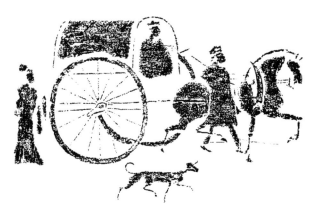

辇车 东汉 四川彭州 砖

辇车 东汉 四川彭州 砖

辎车　东汉　四川郫县　砖　　　　　　辎车　东汉　重庆沙坪坝　石

辎车　东汉　四川邛崃　砖

辎车　东汉　四川邛崃　砖

未名车及温凉车

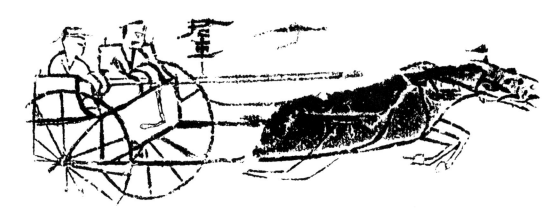

榜题　君车（未名车）　东汉　河南（山东青岛汉画像砖博物馆藏）　砖

双驾未名车　东汉　河南南阳　砖

双驾未名车　东汉　河南汝州　砖

未名车及温凉车

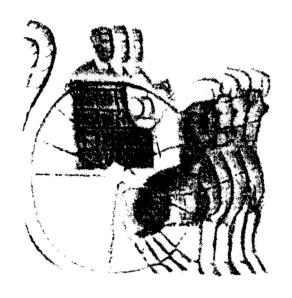

骖驾未名车　东汉　河南（山东青岛汉画像砖博物馆藏）　砖

未名车　东汉　河南南阳　砖

未名车　东汉　安徽萧县　石

未名车　东汉　河南（山东青岛汉画像砖博物馆藏）　砖

未名车（重模）　东汉
河南（山东青岛汉画像砖博物馆藏）　砖

未名车（重模）　东汉
河南（山东青岛汉画像砖博物馆藏）　石

未名车及温凉车

未名车　东汉　河南（山东青岛汉画像砖博物馆藏）　砖　　　未名车　东汉　河南（山东青岛汉画像砖博物馆藏）　砖

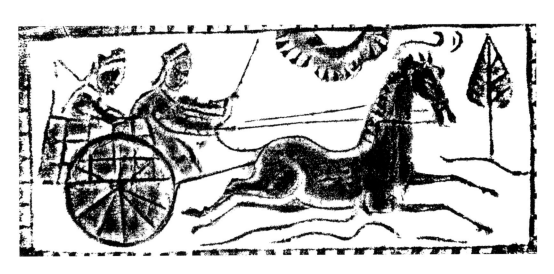

未名车　东汉　河南（山东青岛汉画像砖博物馆藏）　砖

未名车　东汉　河南（山东青岛汉画像砖博物馆藏）　砖　　　未名车　东汉　河南密县　砖

未名车及温凉车

未名车　东汉　河南唐河　砖

未名车　东汉　河南唐河　砖

未名车　东汉　河南唐河　砖

未名车　东汉　河南唐河　砖

未名车　东汉　河南新野　砖

未名车　东汉　河南社旗　砖

未名车及温凉车

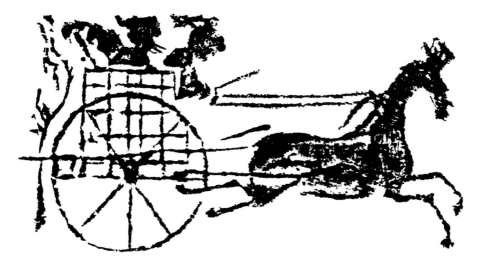

未名车　东汉　河南郑州　砖

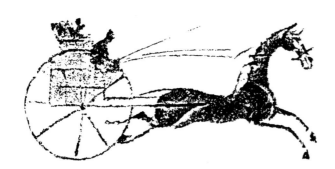

未名车　东汉　河南郑州　砖

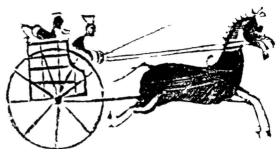

未名车　东汉　河南郑州　砖

未名车　东汉　河南郑州　砖

未名车　东汉　河南郑州　砖

未名车及温凉车

未名车　东汉　江苏徐州　石

未名车　东汉　江苏徐州　石

未名车　东汉　山东长清孝堂山　石

未名车　东汉　山东长清孝堂山　石

未名车　东汉　山东城武　石

未名车及温凉车

未名车 东汉 山东嘉祥武氏祠 石

未名车 东汉 山东 石

未名车 东汉 山东滕州 石

未名车 东汉 山东滕州 石

未名车 东汉 山东滕州 石

未名车 东汉 山东滕州 石

未名车及温凉车

未名车
东汉
山东滕州
石

未名车
东汉
山东滕州
石

未名车
东汉
山东滕州
石

未名车　东汉　山东滕州　石

未名车　东汉　山东滕州　石

未名车　东汉　山东邹城　石

未名车及温凉车

未名车　东汉　山东邹城　石

未名车　东汉　陕西榆林　石

未名车　东汉　四川成都　砖

未名车　东汉　四川广汉　砖

未名车　东汉　四川平武　砖

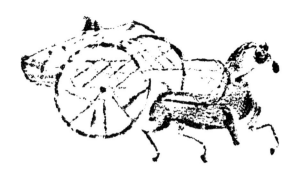

未名车　东汉　四川平武　砖

未名车　东汉　四川新都　砖

未名车　东汉　河南新野　砖

未名车及温凉车

未名车　东汉　河南新野　砖　　　　　未名车　东汉　河南新野　砖

未名车　东汉　河南新野　砖

温凉车　东汉　江苏徐州　石

车马乘骑

未名车及温凉车

温凉车　西汉　山东微山　石

温凉车　东汉　安徽灵璧九顶镇　石

温凉车（反相）　东汉　安徽灵璧九顶镇　石

辇车牛羊车等

独轮车（辘车） 东汉 四川成都 砖

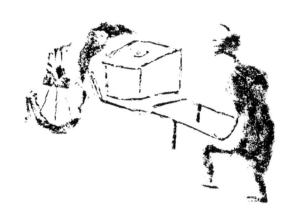

独轮车（辘车） 东汉 四川成都 砖

独轮车（辘车） 东汉 四川 砖

独轮车（辘车） 东汉 四川彭州 砖

独轮车（辘车） 东汉 四川成都 砖

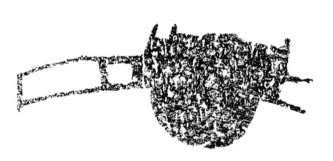

独轮车（辘车） 东汉 河南南阳 石

辇车 东汉 四川新都 石

辇车 东汉 四川乐山 石

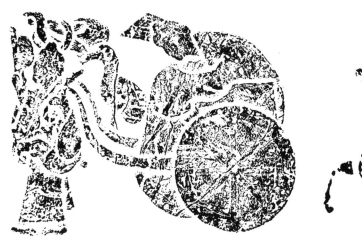
辇车 东汉 山东费县刘家疃 石

鹿车 东汉 山东滕州 石

鹿车（三鹿御四维辂车） 东汉 山东长清孝堂山 石

鹿车（三鹿御） 东汉 山东滕州 石

辇车牛羊车等

牛车　东汉　河南南阳　砖

牛车　东汉　山东济宁　石

牛车（行猎载毕）　东汉　山东　石

牛车　东汉　山东滕州　石

牛车　东汉　山东滕州　石

牛车　东汉　山东滕州　石

牛车　东汉　山东滕州　石

中国汉画大图典

辇车牛羊车等

牛车　东汉　山东邹城　石

牛车　东汉　陕西绥德　石

牛车　东汉　陕西吴堡　石

牛车　东汉　陕西清涧　石

牛车　东汉　陕西清涧　石

牛车　东汉　陕西绥德　石

牛车　东汉　陕西绥德　石

牛车　东汉　山西离石　石

牛车　东汉　四川新津　石

牛车　东汉　浙江海宁　石

辇车牛羊车等

牛车羊车　东汉　山东滕州　石

驼车　东汉　河南密县　砖

羊车　东汉　山东滕州　石

羊车　东汉　山东苍山　石

羊车 东汉 山东滕州 石

羊车 东汉 山东滕州 石

羊车 东汉 山东滕州 石

卸驾马车 东汉 江苏徐州 石

卸驾马车 东汉 江苏徐州 石

卸驾马车 东汉 江苏徐州 石

卸驾马车 东汉 江苏徐州 石

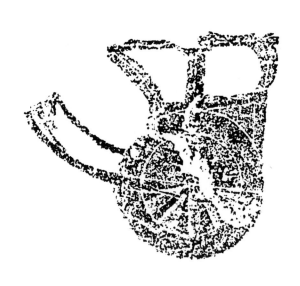
卸驾马车 东汉 山东曲阜 石

卸驾马车　东汉　山东　石

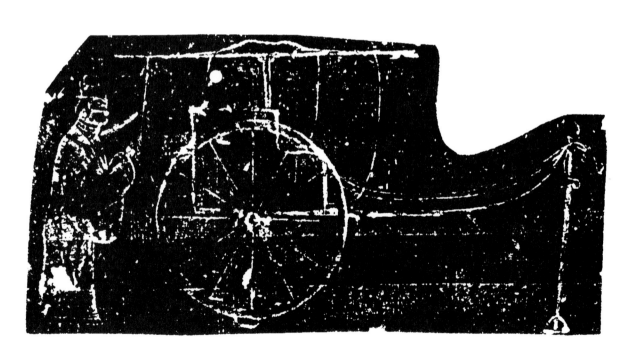

卸驾马车　东汉　山东　石

卸驾马车　东汉　山东滕州　石

卸驾马车　东汉　山东滕州　石

卸驾马车　东汉　山东滕州　石

卸驾马车　东汉　浙江海宁　石

卸驾马车（局部）　东汉　浙江海宁　石

卸驾马车（局部）　东汉　浙江海宁　石

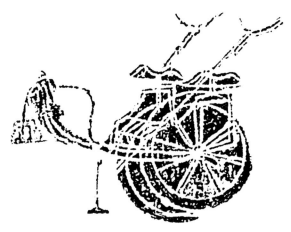

卸驾马车（局部）　东汉　浙江海宁　石

卸驾马车

卸驾马车（局部） 东汉 浙江海宁 石

卸驾牛车 东汉 江苏睢宁双沟 石

卸驾马车 东汉 山东微山 石

卸驾马车 东汉 四川成都曾家包 石

榜题 玉马　东汉　重庆忠县邓家沱　石　　　　　天马　东汉　甘肃武威　铜

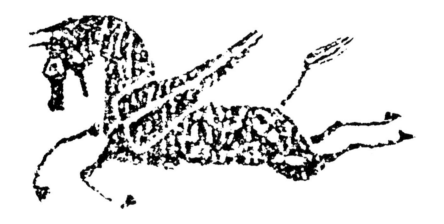

天马　东汉　河南方城　石

天马　西汉　河南洛阳　砖　　　　　天马　西汉　河南洛阳　砖

天马　西汉　河南洛阳　砖

天马　西汉　河南洛阳　砖

天马　西汉　河南洛阳　砖

天马　西汉　河南洛阳　砖

天马　东汉　陕西绥德　石

天马　东汉　陕西绥德　石

天马　西汉　河南洛阳　砖

天马　西汉　河南洛阳　砖

天马　西汉　河南洛阳　砖

天马　西汉　河南洛阳　砖

天马

天马　东汉　江苏铜山　石

天马　东汉　山东临沂　石

备鞍马 东汉 安徽萧县 石　　　　**备鞍马** 东汉 河南登封启母阙 石

备鞍马 东汉 河南（山东青岛汉画像砖博物馆藏） 砖

备鞍马 东汉 河南淅川 砖　　**备鞍马** 东汉 河南淅川 砖　　**备鞍马** 东汉 河南淅川 砖

备鞍马

备鞍马 东汉 河南新野 砖

备鞍马 东汉 河南新野 砖

备鞍马 东汉 江苏徐州 石

备鞍马 东汉 江苏徐州 石

车马乘骑

备鞍马

备鞍马 东汉 江苏徐州 石

备鞍马 东汉 江苏徐州 石

备鞍马 东汉 江苏徐州 石

备鞍马 东汉 江苏徐州 石

备鞍马 东汉 江苏徐州 石

备鞍马 东汉 山东 石

备鞍马

备鞍马　东汉　山东　石

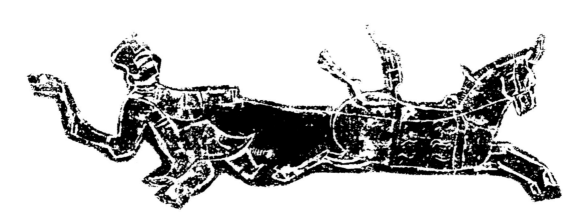

备鞍马　东汉　山东　石

备鞍马　东汉　山东　石

备鞍马　东汉　山东安丘　石

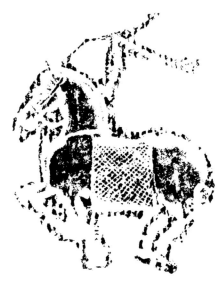
备鞍马　东汉　山东嘉祥　石

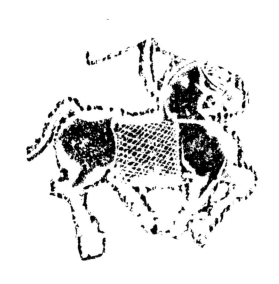
备鞍马　东汉　山东嘉祥　石

备鞍马　东汉　山东嘉祥武氏祠　石

备鞍马　东汉　山东嘉祥武氏祠　石

备鞍马　东汉　山东嘉祥武氏祠东阙　石

备鞍马　东汉　山东嘉祥武氏祠　石

备鞍马

备鞍马 东汉 山东 石

备鞍马 东汉 山东滕州 石

备鞍马 东汉 山东滕州 石

备鞍马 东汉 山东滕州 石

备鞍马 东汉 山东滕州 石

备鞍马 东汉 山东沂南 石

备鞍马 东汉 山东邹城 石

备鞍马 东汉 陕西绥德 石

备鞍马

备鞍马 东汉 陕西绥德 石

备鞍马 东汉 陕西榆林 石

备鞍马 东汉 山东沂南北寨 石

御车马 东汉 山东 石

御车驷马 东汉 山东微山两城山 石

御车马 东汉 河南唐河 石

榜题 四马（无鞍马） 东汉 四川梓潼 砖

无鞍马 东汉 山东微山 石

无鞍马 东汉 安徽淮北 石　　　　无鞍马 东汉 安徽萧县 石

无鞍马

无鞍马（马厩） 东汉 四川成都曾家包 石

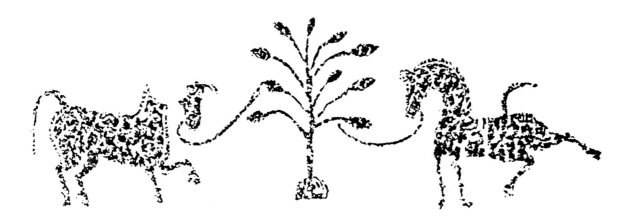

无鞍马 东汉 河南登封启母阙 石

无鞍马 东汉 河南登封启母阙 石

无鞍马 东汉 河南登封启母阙 石

无鞍马 东汉 河南登封少室阙 石

无鞍马 东汉 河南邓县 石　　　　　**无鞍马** 东汉 河南方城 砖

无鞍马

无鞍马 西汉 河南洛阳 砖

无鞍马 东汉 河南南阳 石

无鞍马 东汉 河南南阳 石

无鞍马 东汉 河南南阳 石

无鞍马 东汉 河南南阳 石

无鞍马 东汉 河南南阳 石

无鞍马　东汉　河南唐河　砖

无鞍马　东汉　河南新野　砖

无鞍马　东汉　河南新野　砖

无鞍马　东汉　河南新野　砖

无鞍马　东汉　河南新野　砖

无鞍马　东汉　河南新野　砖

无鞍马　东汉　河南新野　砖

无鞍马

无鞍马　东汉　河南新野　砖

无鞍马　东汉　河南新野　砖

无鞍马　东汉　河南禹州　砖

无鞍马　东汉　河南郑州　砖

无鞍马 东汉 山东嘉祥武氏祠 石

无鞍马 东汉 江苏徐州 石 **无鞍马** 东汉
江苏师范大学汉文化研究院藏 石

无鞍马

无鞍马　东汉　江苏徐州　石

无鞍马　东汉　江苏徐州　石

无鞍马　东汉　江苏徐州　石

无鞍马　东汉　江苏徐州　石

无鞍马 东汉 江苏徐州 石

无鞍马 东汉 江苏徐州 石

无鞍马 东汉
江苏师范大学汉文化研究院藏 石

无鞍马 东汉 山东微山 石

无鞍马 东汉 江苏徐州 石

无鞍马 东汉 山东 石

无鞍马

无鞍马 东汉 山东 石

无鞍马 东汉 山东 石

无鞍马 东汉 山东安丘 石

无鞍马 东汉 山东莒南 石

无鞍马 东汉 山东嘉祥武氏祠 石

无鞍马 东汉 山东嘉祥武氏祠 石

无鞍马 东汉 山东博物馆藏 石

无鞍马 东汉 山东博物馆藏 石

无鞍马 东汉 山东滕州 石

无鞍马 东汉 山东滕州 石

无鞍马

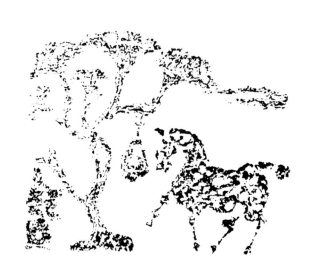

无鞍马　东汉　山东滕州　石

无鞍马　东汉　山东滕州　石

无鞍马　东汉　山东滕州　石

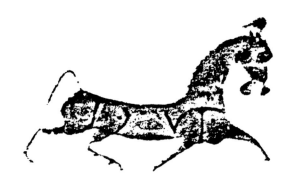

无鞍马　东汉　山东滕州　石

无鞍马　东汉　山东滕州　石

车马乘骑

无鞍马

无鞍马　东汉　山东滕州　石

无鞍马　东汉　山东微山　石

无鞍马

无鞍马　东汉　山东微山　石

无鞍马（马厩）　东汉　山东微山　石

无鞍马　东汉　山东微山　石

无鞍马　东汉　山东微山两城山　石

无鞍马　东汉　山东微山两城山　石

无鞍马　东汉　山东邹城　石

无鞍马　东汉　山东邹城　石

无鞍马　东汉　山东邹城　石

无鞍马　东汉　陕西米脂　石

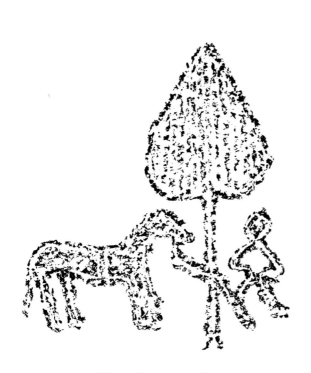

无鞍马　东汉　山东邹城　石

无鞍马　东汉　陕西米脂　石

无鞍马

无鞍马　东汉　陕西绥德　石

无鞍马　东汉　陕西绥德　石

无鞍马　东汉　陕西绥德　石

无鞍马　东汉　陕西绥德　石

无鞍马　东汉　陕西绥德　石

无鞍马　东汉　陕西绥德　石

无鞍马　东汉　陕西绥德　石

无鞍马　东汉　陕西绥德　石

车马乘骑

无鞍马　东汉　陕西绥德　石

无鞍马

无鞍马　东汉　陕西绥德　石

无鞍马　东汉　陕西绥德　石

无鞍马　东汉　陕西绥德　石

无鞍马　东汉　陕西绥德　石

无鞍马　东汉　陕西绥德　石

无鞍马　东汉　陕西绥德　石

无鞍马

无鞍马　东汉　陕西绥德　石

无鞍马　东汉　陕西绥德　石

无鞍马　东汉　四川长宁　石

无鞍马　东汉　四川长宁　石

无鞍马　东汉　四川成都　石

无鞍马　东汉　四川广汉　砖

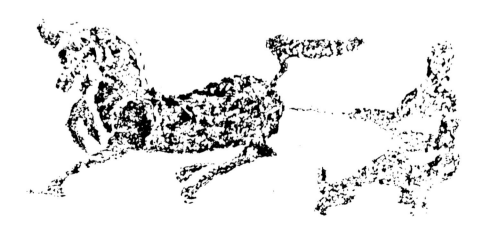
无鞍马　东汉　四川乐山　石

无鞍马　东汉　四川成都　石

无鞍马　东汉　四川彭州　砖

无鞍马　东汉　四川平武　砖

无鞍马　东汉　四川彭山　石

无鞍马　东汉　四川彭山　石

无鞍马 东汉 浙江海宁 石

无鞍马 东汉 浙江海宁 石

无鞍马 东汉 浙江海宁 石

无鞍马 东汉 浙江海宁 石

进食马 东汉 江苏徐州缪宇墓 石

乘骑

车马乘骑

榜题　胡将军　东汉　山东　石

榜题　铃下（骑吏）　东汉
山东潍县（法国巴黎卢浮宫藏）　石

骑吏

榜题　门下书佐（骑吏）　东汉
山东潍县（法国巴黎卢浮宫藏）　石

榜题　门下小史（骑吏）　东汉
山东潍县（法国巴黎卢浮宫藏）　石

骑吏

榜题 追吏骑（骑吏） 东汉
山东嘉祥武氏祠 石

榜题 骑仓头（骑吏） 东汉
山东嘉祥 石

榜题 驿使（骑吏） 东汉
山东福山 石

骑吏 东汉建和元年（147）
山东嘉祥武氏祠西阙 石

骑吏　东汉　安徽萧县　石

车马乘骑

骑吏

骑吏　东汉　安徽萧县　石

骑吏　东汉　安徽萧县　石

骑吏　东汉　安徽萧县　石

骑吏　东汉　安徽萧县　石

骑吏　东汉　河南　砖

骑吏　东汉　河南（山东青岛汉画像砖博物馆藏）　砖

骑吏　东汉　河南（山东青岛汉画像砖博物馆藏）　砖

骑吏　东汉　河南（山东青岛汉画像砖博物馆藏）　砖

骑吏　东汉　河南　砖

骑吏　东汉　河南（山东青岛汉画像砖博物馆藏）　砖

骑吏　东汉　河南（山东青岛汉画像砖博物馆藏）　砖

骑吏　东汉　河南登封启母阙　石

骑吏　东汉　河南登封启母阙　石　　　　　　骑吏　东汉　河南登封启母阙　石

骑吏

骑吏　东汉　河南登封启母阙　石

骑吏　东汉　河南登封启母阙　石

骑吏　西汉　河南洛阳　砖

骑吏　西汉　河南洛阳　砖

骑吏　东汉　河南密县　砖

骑吏　东汉　河南密县　砖

骑吏　东汉　河南密县　砖

骑吏　东汉　河南密县　砖

骑吏　东汉　河南密县　砖

骑吏　东汉　河南密县　砖

骑吏　东汉　河南密县　砖

骑吏　东汉　河南密县　砖

骑吏

骑吏　东汉　河南南阳　砖

骑吏　东汉　河南南阳　砖

骑吏　东汉　河南南阳　砖

骑吏　东汉　河南南阳　砖

骑吏　东汉　河南南阳　砖

骑吏　东汉　河南南阳　石

骑吏　东汉　河南南阳　石

骑吏　东汉　河南南阳　石

骑吏　东汉　河南南阳沙岗店　石

骑吏　东汉　河南南阳沙岗店　石

骑吏

骑吏　东汉　河南商丘　石

骑吏　东汉　河南商丘　石

骑吏　东汉　河南商丘　石

骑吏　东汉　河南商丘　石

骑吏　东汉　河南商丘　石

车马乘骑

骑吏

骑吏　东汉　河南商丘　石

骑吏　东汉　河南商丘　石

骑吏　东汉　河南商丘　石

骑吏　西汉　河南唐河　石

骑吏　西汉　河南唐河　石

骑吏　西汉　河南唐河　石

骑吏

骑吏　东汉　河南唐河　石　　　　　骑吏　东汉　河南唐河　石

骑吏　东汉　河南唐河　石　　　　　骑吏　东汉　河南唐河　石

骑吏　东汉　河南唐河　石

骑吏　东汉　河南唐河　石

骑吏　东汉　河南唐河　石

骑吏　东汉　河南新野　砖

骑吏　东汉　河南新野　砖

骑吏

骑吏　东汉　河南新野　砖

骑吏　东汉　河南新野　砖

骑吏　东汉　河南新野　砖

骑吏　东汉　河南新野　砖

骑吏　东汉　河南新野　砖

骑吏 东汉 河南新野 砖

骑吏 东汉 河南新野 砖

骑吏 东汉 河南新野 砖

骑吏 东汉 河南新野 砖

骑吏 东汉 河南新野 砖

骑吏 东汉 河南新野 砖

骑吏

骑吏 东汉 河南新野 砖

骑吏 东汉 河南新野 砖

骑吏 东汉 河南新野 砖

骑吏 东汉 河南新野 砖

骑吏 东汉 河南新野 砖

骑吏　东汉　河南郾城　砖　　　　　　　　　　骑吏　东汉　河南新野　砖

骑吏

骑吏　东汉　河南禹州　砖

骑吏　东汉　河南禹州　砖

骑吏

骑吏　东汉　河南郑州　砖

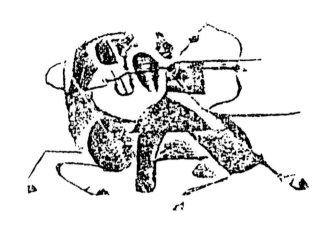
骑吏　东汉　河南郑州　砖

骑吏　东汉　河南郑州　砖

骑吏　东汉　河南郑州　砖

骑吏　东汉　河南郑州　砖

骑吏　东汉　河南郑州　砖

骑吏　东汉　河南郑州　砖

骑吏　东汉　河南郑州　砖

骑吏　东汉　河南郑州　砖

骑吏　东汉　河南郑州　砖

骑吏　东汉　河南郑州　砖

骑吏

骑吏　东汉　河南郑州　砖

骑吏　东汉　河南郑州　砖

骑吏　东汉　江苏师范大学汉文化研究院藏　石

骑吏　东汉　江苏师范大学汉文化研究院藏　石

骑吏　东汉　江苏师范大学汉文化研究院藏　石

骑吏　东汉　江苏师范大学汉文化研究院藏　石

骑吏　东汉　江苏师范大学汉文化研究院藏　石　　　　**骑吏**　东汉　江苏师范大学汉文化研究院藏　石

骑吏　东汉　江苏师范大学汉文化研究院藏　石

骑吏　东汉　江苏师范大学汉文化研究院藏　石　　　　**骑吏**　东汉　江苏师范大学汉文化研究院藏　石

骑吏　东汉　江苏师范大学汉文化研究院藏　石

骑吏　东汉　江苏师范大学汉文化研究院藏　石

骑吏　东汉　江苏师范大学汉文化研究院藏　石

骑吏　东汉　江苏师范大学汉文化研究院藏　石

骑吏　东汉　江苏师范大学汉文化研究院藏　石

骑吏　东汉　江苏师范大学汉文化研究院藏　石

骑吏　东汉　江苏师范大学汉文化研究院藏　石

骑吏　东汉　江苏师范大学汉文化研究院藏　石

骑吏　东汉　江苏师范大学汉文化研究院藏　石

骑吏　东汉　江苏师范大学汉文化研究院藏　石

骑吏

骑吏　东汉　江苏师范大学汉文化研究院藏　石

骑吏　东汉　江苏师范大学汉文化研究院藏　石

骑吏　东汉　江苏师范大学汉文化研究院藏　石

骑吏　东汉　江苏师范大学汉文化研究院藏　石

骑吏　东汉　江苏师范大学汉文化研究院藏　石

骑吏　东汉　江苏师范大学汉文化研究院藏　石

骑吏　东汉　江苏师范大学汉文化研究院藏　石

骑吏　东汉　江苏师范大学汉文化研究院藏　石

骑吏　东汉　江苏师范大学汉文化研究院藏　石

骑吏　东汉　江苏师范大学汉文化研究院藏　石

骑吏　东汉　江苏师范大学汉文化研究院藏　石

中国汉画大图典

骑吏 东汉　江苏师范大学汉文化研究院藏　石

骑吏 东汉　江苏师范大学汉文化研究院藏　石

骑吏

骑吏 东汉　江苏师范大学汉文化研究院藏　石

骑吏 东汉　江苏师范大学汉文化研究院藏　石

骑吏 东汉　江苏师范大学汉文化研究院藏　石

骑吏 东汉　江苏师范大学汉文化研究院藏　石

骑吏　东汉
江苏师范大学汉文化研究院藏　石

骑吏　东汉
江苏师范大学汉文化研究院藏　石

骑吏　东汉　江苏徐州　石

骑吏　东汉　江苏徐州　石

骑吏

骑吏　东汉　江苏徐州　石

骑吏　东汉　江苏徐州　石

车马乘骑

骑吏　东汉　江苏徐州　石

骑吏　东汉　江苏徐州　石

骑吏

骑吏　东汉　江苏徐州　石

骑吏　东汉　江苏徐州　石

中国汉画大图典

骑吏

骑吏　东汉　江苏徐州　石

骑吏　东汉　江苏徐州　石

骑吏　东汉　江苏徐州　石

骑吏　东汉　江苏徐州　石

骑吏　东汉　江苏徐州　石

车马乘骑

骑吏

骑吏　东汉　江苏徐州　石

骑吏　东汉　江苏徐州　石

骑吏　东汉　江苏徐州　石

骑吏　东汉　江苏徐州　石

骑吏　东汉　江苏徐州　石

205

骑吏　东汉　山东　石

骑吏　东汉　山东　石

车马乘骑

骑吏　东汉　山东　石

骑吏　东汉　山东　石

骑吏　东汉　山东　石

骑吏　东汉　山东　石

骑吏　东汉　山东　石

骑吏　东汉　山东　石

骑吏

骑吏

骑吏　东汉　山东　石

骑吏　东汉　山东　石

骑吏　东汉　山东　石

骑吏　东汉　山东　石

骑吏　东汉　山东　石

车马乘骑

骑吏

骑吏　东汉　山东　石

骑吏　东汉　山东　石

骑吏　东汉　山东　石

骑吏　东汉　山东安丘董家庄　石

骑吏　东汉　山东苍山　石

骑吏　东汉　山东苍山　石

骑吏　东汉　山东长清孝堂山　石

骑吏　东汉　山东城武　石

车马乘骑

骑吏　东汉　山东济宁　石

骑吏　东汉　山东济宁　石

骑吏

骑吏　东汉　山东济宁　石

骑吏　东汉　山东济宁　石

骑吏　东汉　山东济宁　石

骑吏　东汉　山东济宁　石

骑吏　东汉　山东济宁　石

骑吏　东汉　山东济宁　石

骑吏　东汉　山东济宁　石

骑吏　东汉　山东济宁　石

骑吏　东汉　山东济宁慈云寺　石

骑吏　东汉　山东济宁　石

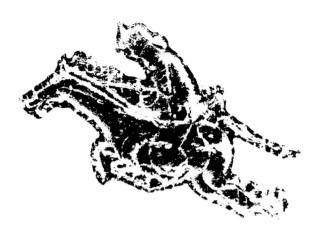
骑吏　东汉　山东嘉祥郗家庄　石

骑吏　东汉　山东嘉祥　石

骑吏　东汉　山东嘉祥　石

骑吏　东汉　山东嘉祥　石

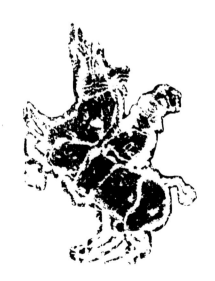
骑吏　东汉　山东嘉祥　石

骑吏　东汉　山东嘉祥　石

骑吏　东汉　山东嘉祥　石

骑吏　东汉　山东嘉祥　石

骑吏　东汉　山东嘉祥武氏祠　石

骑吏　东汉　山东嘉祥武氏祠　石

骑吏　东汉　山东嘉祥　石

骑吏　东汉　山东嘉祥　石

骑吏　东汉　山东莒南　石

骑吏　东汉　山东嘉祥　石

骑吏　东汉　山东嘉祥武氏祠　石

骑吏　东汉　山东嘉祥　石

骑吏　东汉　山东嘉祥武氏祠　石

骑吏

骑吏
东汉
山东临沂
石

骑吏
东汉
山东临沂
石

骑吏
东汉
山东临沂
石

车马乘骑

骑吏
东汉
山东临沂
石

骑吏
东汉
山东临沂
石

骑吏

骑吏
东汉
山东临沂
石

骑吏

骑吏
东汉
山东临沂
石

骑吏
东汉
山东临沂
石

骑吏
东汉
山东临沂
石

车马乘骑

骑吏

骑吏 东汉 山东临沂 石

骑吏 东汉 山东临沂 石

骑吏 东汉 山东临沂 石

骑吏

骑吏　东汉　山东临沂　石

骑吏　东汉　山东临沂　石

骑吏　东汉　山东临沂　石

骑吏　东汉　山东临沂　石

骑吏　东汉　山东临沂　石

骑吏　东汉　山东临沂　石

骑吏　东汉　山东临沂　石

骑吏　东汉　山东平邑南武阳东阙　石

骑吏　东汉　山东平邑南武阳东阙　石

骑吏　东汉　山东泰安　石

骑吏　东汉　山东曲阜　石

车马乘骑

骑吏　东汉　山东曲阜　石　　　　　　　　骑吏　东汉　山东曲阜　石

骑吏

骑吏　东汉　山东曲阜　石　　　　　　　　骑吏　东汉　山东曲阜　石

骑吏　东汉　山东博物馆藏　石　　　　　　骑吏　东汉　山东博物馆藏　石

骑吏

骑吏　东汉　山东滕州　石

骑吏　东汉　山东滕州　石

骑吏　东汉　山东滕州　石

骑吏　东汉　山东滕州　石

骑吏　东汉　山东滕州　石

骑吏　东汉　山东滕州　石

骑吏　东汉　山东滕州　石

骑吏　东汉　山东滕州　石

骑吏　东汉　山东滕州　石

骑吏　东汉　山东滕州　石

骑吏　东汉　山东滕州　石

骑吏　东汉　山东滕州　石

骑吏　东汉　山东滕州　石

骑吏　东汉　山东滕州　石　　　　　　　　骑吏　东汉　山东滕州　石

骑吏　东汉　山东滕州　石

骑吏　东汉　山东滕州　石　　　　　　　　骑吏　东汉　山东滕州　石

骑吏

骑吏　东汉　山东滕州　石

骑吏　东汉　山东滕州　石

骑吏　东汉　山东滕州　石

骑吏　东汉　山东滕州　石

骑吏　东汉　山东滕州　石

车马乘骑

骑吏

骑吏　东汉　山东滕州　石

骑吏　东汉　山东滕州　石

骑吏　东汉　山东滕州　石

骑吏　东汉　山东滕州　石

骑吏　东汉　山东滕州　石

骑吏

骑吏　东汉　山东滕州　石

骑吏　东汉　山东滕州　石

骑吏　东汉　山东滕州　石

骑吏　东汉　山东滕州　石

骑吏　东汉　山东滕州　石

车马乘骑

骑吏

骑吏　东汉　山东滕州　石

骑吏　东汉　山东滕州　石

骑吏　东汉　山东滕州　石

骑吏　东汉　山东滕州　石

骑吏　东汉　山东滕州　石

骑吏　东汉　山东滕州　石

骑吏　东汉　山东滕州　石

骑吏　东汉　山东滕州　石

骑吏　东汉　山东滕州　石

骑吏　东汉　山东滕州　石

骑吏　东汉　山东滕州　石

骑吏　东汉　山东滕州　石

骑吏　东汉　山东滕州　石

骑吏　东汉　山东滕州　石

骑吏　东汉　山东滕州　石

骑吏　东汉　山东滕州　石　　　　骑吏　东汉　山东滕州　石

骑吏　东汉　山东滕州　石　　骑吏　东汉　山东滕州　石　　骑吏　东汉　山东滕州　石

骑吏　东汉　山东滕州　石　　骑吏　东汉　山东滕州　石　　骑吏　东汉　山东滕州　石

车马乘骑

骑吏

骑吏　东汉　山东滕州　石

骑吏　东汉　山东滕州　石

骑吏　东汉　山东滕州　石

骑吏　东汉　山东滕州　石

骑吏　东汉　山东滕州　石

骑吏　东汉　山东滕州　石

骑吏　东汉　山东滕州　石

骑吏　东汉　山东滕州　石

骑吏　东汉　山东滕州　石

骑吏　东汉　山东滕州　石

骑吏　东汉　山东滕州　石

骑吏　东汉　山东滕州　石

骑吏　东汉　山东滕州　石　　　骑吏　东汉　山东滕州　石　　　骑吏　东汉　山东滕州　石

骑吏　东汉　山东滕州　石　　　骑吏　东汉　山东滕州　石　　　骑吏　东汉　山东滕州　石

骑吏　东汉　山东滕州　石　　　骑吏　东汉　山东微山　石

骑吏　东汉　山东梁山　石

骑吏　东汉　山东梁山　石

骑吏　东汉　山东梁山　石

骑吏　东汉　山东滕州　石

骑吏　东汉　山东滕州　石

骑吏　东汉　山东滕州　石

骑吏　东汉　山东滕州　石

骑吏　东汉　山东滕州　石

骑吏　东汉　山东滕州　石

骑吏　东汉　山东滕州　石

骑吏（残）　东汉　山东滕州　石

骑吏　东汉　山东牟平　石

骑吏　东汉　山东滕州　石

骑吏　东汉　山东滕州　石

骑吏　东汉　山东滕州　石

骑吏　东汉　山东微山两城山　石

骑吏　东汉　山东微山两城山　石

骑吏　东汉　山东微山两城山　石

骑吏　东汉　山东微山两城山　石

骑吏　东汉　山东微山两城山　石

骑吏　东汉　山东微山两城山　石

车马乘骑

骑吏　东汉　山东微山两城山　石

骑吏　东汉　山东微山两城山　石

骑吏　东汉　山东微山两城山　石

骑吏　东汉　山东潍县　石

骑吏　东汉　山东潍县　石

骑吏（残）　东汉　山东潍县　石

骑吏

241

中国汉画大图典

骑吏

骑吏　东汉　山东汶上　石

骑吏　东汉　山东汶上　石

骑吏　东汉　山东汶上　石

骑吏　东汉　山东汶上　石

骑吏　东汉　山东汶上　石

骑吏（残）　东汉　山东汶上　石

车马乘骑

骑吏

骑吏　东汉　山东汶上　石

骑吏　东汉　山东益都　石

骑吏　东汉　山东邹城　石　　　　　　　骑吏　东汉　山东邹城　石

骑吏

骑吏　东汉　山东邹城　石

骑吏　东汉　山东邹城　石

骑吏　东汉　山东邹城　石

骑吏　东汉　山东邹城　石

骑吏　东汉　山东邹城　石

骑吏　东汉　山东邹城　石

骑吏　东汉　山东邹城　石

骑吏　东汉　山东邹城　石

骑吏　东汉　山东邹城　石

骑吏　东汉　山西省艺术博物馆藏　石

骑吏　东汉　山西省艺术博物馆藏　石

骑吏　东汉　山西省艺术博物馆藏　石　　　　骑吏　东汉　山西省艺术博物馆藏　石

骑吏　东汉　山西省艺术博物馆藏　石　　　　骑吏　东汉　山西省艺术博物馆藏　石

骑吏 东汉 山西省艺术博物馆藏 石　　　　**骑吏** 东汉 山西省艺术博物馆藏 石

骑吏 东汉 陕西米脂 石　　　　**骑吏** 东汉 陕西米脂 石

骑吏 东汉 陕西绥德 石　　　　**骑吏** 东汉 陕西绥德 石

骑吏　东汉　陕西绥德　石

骑吏　东汉　陕西绥德　石

骑吏　东汉　陕西绥德　石

骑吏　东汉　陕西绥德　石

骑吏　东汉　陕西绥德　石

骑吏　东汉　陕西绥德　石

骑吏　东汉　陕西绥德　石

骑吏　东汉　陕西绥德　石

骑吏　东汉　陕西绥德　石

骑吏　东汉　陕西绥德　石

骑吏　东汉　陕西绥德　石

骑吏　东汉　陕西绥德　石

骑吏

骑吏　东汉　陕西绥德　石

骑吏　东汉　陕西绥德　石

骑吏　东汉　陕西绥德　石

骑吏　东汉　陕西绥德　石

骑吏　东汉　陕西绥德　石

骑吏　东汉　陕西绥德　石

骑吏　东汉　陕西榆林　石

骑吏　东汉　陕西榆林　石

骑吏　东汉　陕西榆林　石

骑吏　东汉　陕西榆林　石

骑吏　东汉　陕西榆林　石

骑吏　东汉　陕西榆林　石

骑吏

骑吏　东汉　陕西榆林　石

骑吏　东汉　陕西榆林　石

骑吏　东汉　陕西榆林　石

骑吏　东汉　陕西榆林　石

骑吏　东汉　四川长宁　石

骑吏　东汉　四川长宁　石

骑吏　东汉　四川长宁　石

骑吏　东汉　四川成都　砖

骑吏　东汉　四川成都　砖

骑吏　东汉　四川成都　砖

骑吏　东汉　四川成都　砖

骑吏　东汉　四川成都　砖

骑吏　东汉　四川成都羊子山　石

骑吏　东汉　四川成都羊子山　石

骑吏　东汉　四川大邑　砖

骑吏　东汉　四川大邑　砖

骑吏　东汉　四川大邑　砖

骑吏　东汉　四川大邑　砖

车马乘骑

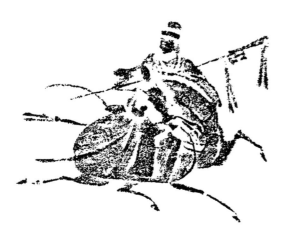

骑吏　东汉　四川大邑　砖

骑吏　东汉　四川大邑　砖

骑吏　东汉　四川德阳　砖

骑吏　东汉　四川德阳　砖

骑吏

骑吏　东汉　四川德阳　砖

骑吏　东汉　四川德阳　砖

骑吏 东汉 四川广汉 砖

骑吏 东汉 四川广汉 砖

骑吏 东汉 四川乐山 石

骑吏 东汉 四川彭州 砖

骑吏 东汉 四川彭州 转

骑吏 东汉 四川 砖

车马乘骑

榜题　此骑吏　调间二人（二骑吏）　东汉　山东嘉祥武氏祠　石

二骑吏

二骑吏（正面马与背面马）　东汉　山东安丘　石

二骑吏　东汉　山东济宁萧王庄　石

二骑吏

二骑吏　东汉　河南（山东青岛汉画像砖博物馆藏）　砖

二骑吏　东汉　河南（山东青岛汉画像砖博物馆藏）　砖

二骑吏　东汉　河南登封启母阙　石

二骑吏　东汉　河南登封启母阙　石

二骑吏　东汉　河南密县　砖

二骑吏　东汉　河南南阳　石

二骑吏　东汉　河南南阳　砖

二骑吏

二骑吏　东汉　河南南阳　石

二骑吏　东汉　河南南阳　石

二骑吏（残）　东汉　河南南阳　石

二骑吏　东汉　河南南阳　石

车马乘骑

二骑吏

二骑吏　东汉　河南商丘　石

二骑吏　东汉　河南商丘　石

二骑吏　东汉　河南唐河　石

二骑吏

二骑吏　东汉　河南新野　砖

二骑吏　东汉　河南新野　砖

二骑吏　东汉　河南新野　砖

二骑吏　东汉　河南新野　砖

二骑吏　东汉　河南郑州　砖

二骑吏　东汉　河南郑州　砖

二骑吏　东汉　江苏邳县　石

二骑吏　东汉　江苏徐州　石

二骑吏　东汉　江苏徐州　石

二骑吏　东汉　江苏徐州　石

二骑吏　东汉　江苏徐州　石

二骑吏　东汉　江苏徐州　石

二骑吏　东汉　江苏徐州　石

二骑吏　东汉　江苏徐州　石

二骑吏　东汉　江苏徐州　石

中国汉画大图典

二骑吏

二骑吏　东汉　江苏徐州　石

二骑吏　东汉　江苏徐州　石

二骑吏　东汉　江苏徐州　石

车马乘骑

二骑吏

二骑吏　东汉　山东　石

二骑吏　东汉　山东　石

二骑吏　东汉　山东　石

二骑吏　东汉　山东　石

二骑吏　东汉　山东　石

二骑吏

二骑吏　东汉　山东　石

二骑吏　东汉　山东　石

二骑吏　东汉　山东苍山　石

二骑吏　东汉　山东长清孝堂山　石

二骑吏　东汉　山东济宁　石　　　　二骑吏　东汉　山东济宁　石

二骑吏

二骑吏　东汉　山东济宁　石

二骑吏　东汉　山东济宁　石　　　　二骑吏　东汉　山东济宁　石

中国汉画大图典

二骑吏

二骑吏　东汉　山东嘉祥　石

二骑吏　东汉　山东嘉祥　石

二骑吏
东汉
山东嘉祥
石

二骑吏
东汉
山东嘉祥
石

二骑吏　东汉　山东嘉祥　石

二骑吏

二骑吏　东汉　山东嘉祥武氏祠　石

二骑吏　东汉　山东嘉祥武氏祠　石

二骑吏　东汉　山东嘉祥武氏祠西阙　石

二骑吏　东汉　山东嘉祥武氏祠东阙　石

二骑吏

二骑吏　东汉　山东巨野　石

二骑吏　东汉　山东曲阜　石

二骑吏　东汉　山东临沂　石

二骑吏　东汉　山东临沂　石

二骑吏　东汉　山东泰安　石

二骑吏　东汉　山东滕州　石

二骑吏　东汉　山东滕州　石

中国汉画大图典

二骑吏

二骑吏　东汉　山东滕州　石

二骑吏　东汉　山东滕州　石

二骑吏　东汉　山东滕州　石

车马乘骑

二骑吏

二骑吏　东汉　山东嘉祥　石

二骑吏　东汉　山东微山　石

二骑吏

二骑吏　东汉　山西省艺术博物馆藏　石

二骑吏　东汉　山西省艺术博物馆藏　石

二骑吏　东汉　山西省艺术博物馆藏　石

二骑吏　东汉　山西省艺术博物馆藏　石

二骑吏　东汉　陕西绥德　石

二骑吏　东汉　陕西榆林　石

二骑吏　东汉　陕西榆林　石

二骑吏　东汉　山东嘉祥武氏祠　石

二骑吏

二骑吏 东汉 四川成都 砖

二骑吏 东汉 四川成都 石

二骑吏 东汉 四川广汉 砖

车马乘骑

二骑吏　东汉　四川德阳　砖

二骑吏　东汉　四川彭州　砖

二骑吏

二骑吏　东汉　四川新都　砖

二骑吏与伍伯　东汉　四川广汉　砖

二骑吏与伍伯　东汉　山东微山　石

三骑吏 东汉 山东嘉祥 石

三骑吏 东汉 山东 石

三骑吏　东汉　陕西绥德　石

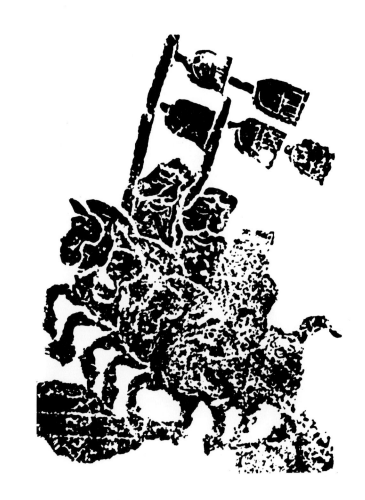

三骑吏　东汉　山东滕州西户口　石

车马乘骑

三骑吏

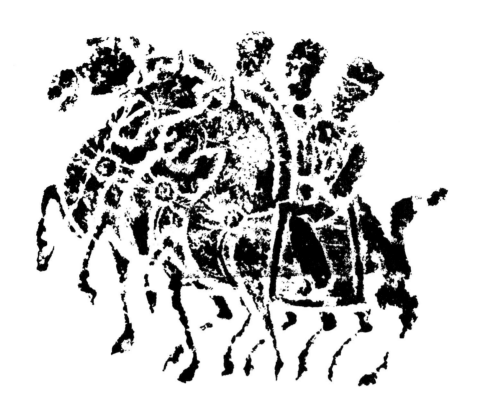

三骑吏 东汉 山东微山两城山 石

三骑吏 东汉 山东邹城 石

三骑吏　东汉　四川德阳　砖

三骑吏　东汉　四川新都　砖

三骑吏与伍伯　东汉　重庆开县　砖

榜题　钩骑四人（四骑吏）　东汉　山东嘉祥　石

车马乘骑

四骑吏

四骑吏（骑射）　东汉　山东曲阜　石

四骑吏　东汉　河南　砖

四骑吏

四骑吏　东汉　河南南阳　石

四骑吏　东汉　山东滕州西户口　石

四骑吏　东汉　山东滕州　石

四骑吏　东汉　山东邹城　石

四骑吏　东汉　山东微山两城山　石

四骑吏

四骑吏 东汉 四川德阳新市镇 砖

四骑吏 东汉 四川德阳 砖

车马乘骑

四骑吏

四骑吏　东汉　四川成都　砖

四骑吏　东汉　四川成都青杠坡　砖

四骑吏

四骑吏　东汉　四川彭州　砖

四骑吏　东汉　山东嘉祥武氏祠前石室第四石　砖

众骑吏　东汉　河南南阳　石

众骑吏　东汉　山东长清孝堂山　石

众骑吏　东汉　山东长清孝堂山　石

众骑吏　东汉　山东济宁　石

众骑吏　东汉　山东滕州西户口　石

众骑吏　东汉　山东济宁　石

众骑吏　东汉　山东嘉祥　石

众骑吏（局部）　东汉　山东嘉祥　石

众骑吏　东汉　山东滕州　石

众骑吏（局部）　东汉　山东滕州　石

众骑吏　东汉　山东滕州　石

众骑吏（局部）　东汉　山东滕州　石

众骑吏　东汉　山东微山两城山　石

众骑吏　东汉　山西离石　石

骑驼骑象等

骑驼　东汉　山东平邑南武阳功曹阙　石

骑驼　东汉　山东滕州　石

骑驼　东汉　山东滕州　石

骑驼　东汉　陕西绥德　石

骑驼　东汉　山东滕州　石

中国汉画大图典

骑驼骑象等

牵驼　东汉　山西省艺术博物馆藏　石

骑象　东汉　山东滕州　石

骑象　东汉　山东滕州　石

骑象 东汉 山东平邑南武阳功曹阙 石

骑象 东汉 河南唐河 石

骑驼骑象等

骑象 东汉 山东滕州 石

骑象 东汉 山东济宁 石

骑驼骑象等

骑象　东汉　山东邹城　石

骑牛　东汉　江苏徐州　石

骑羊　东汉　安徽萧县　石

车骑

榜题　卢行亭车　寺门亭长（迎谒）　东汉　山东泰安　石

榜题　置车　驿使（车骑）　东汉　山东福山　石

榜题　君车　铃下　门下小史　门下书佐　主薄　东汉　山东潍县　石

车骑出行（局部） 东汉 四川成都羊子山 石

车骑出行（局部） 东汉 四川成都羊子山 石

车骑出行（局部） 东汉 四川成都羊子山 石

车骑出行（全列） 东汉 四川成都羊子山 石

车骑出行（局部） 东汉 四川成都羊子山 石

车骑出行（局部） 东汉 四川成都羊子山 石

车骑出行（局部） 东汉 四川成都羊子山 石

车骑出行（局部） 东汉 四川成都羊子山 石

车骑出行（局部） 东汉 四川成都羊子山 石

车骑 东汉建和元年（147） 山东嘉祥武氏祠西阙 石

车骑　东汉　河南密县　砖

车骑　东汉　河南登封少室阙　石

车骑　东汉　河南南阳　石

车骑　东汉　河南南阳　石

车骑　东汉　河南南阳　石

车骑　东汉　河南南阳　石

车骑　东汉　河南南阳　石

车骑　东汉　河南南阳　石

车骑　西汉　河南唐河　石

车骑　西汉　河南唐河　石

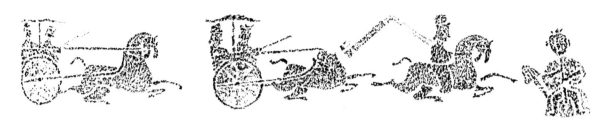

车骑　西汉　河南唐河　石

车骑　西汉　河南唐河　石

车骑　东汉　河南唐河　石

车骑　东汉　河南唐河　石

车骑　西汉　河南唐河　石

车骑　西汉　河南唐河　石

车骑　东汉　河南新野　砖

车骑　东汉　河南新野　砖

车骑　东汉　河南新野　砖

车骑　东汉　河南禹州　砖

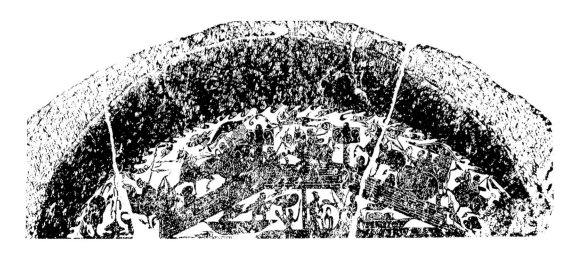

车骑　东汉　江苏睢宁九女墩　石

车骑　东汉　江苏铜山台上村　石

车骑　东汉　江苏徐州　石

车骑　东汉　江苏徐州　石

车骑　东汉　江苏徐州　石

车骑　东汉　江苏徐州　石

车骑　东汉　江苏徐州　石

车骑　东汉　江苏徐州　石

车骑　东汉　江苏徐州　石

车骑　东汉　江苏徐州　石

车骑　东汉　江苏徐州　石

车骑　东汉　江苏徐州　石

车骑　东汉　江苏徐州　石

车骑　东汉　江苏徐州　石

车骑　东汉　江苏徐州　石

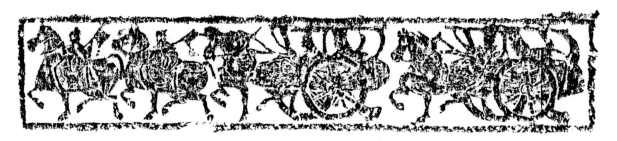

车骑　东汉　江苏徐州　石

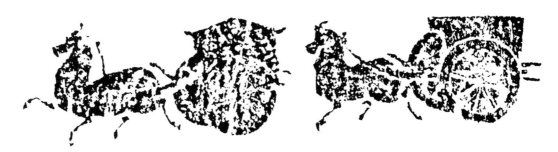

车骑　东汉　江苏徐州　石

车骑　东汉　江苏徐州　石

车骑　东汉　江苏徐州　石

车骑　东汉　江苏徐州　石

车骑　东汉　江苏徐州　石

车骑　东汉　江苏徐州　石

车骑　东汉　江苏徐州　石

车骑 东汉 江苏徐州 石

车骑 东汉 江苏徐州 石

车骑 东汉 山东 石

车骑　东汉　山东沂南北寨　石

车骑（局部）　东汉　山东沂南北寨　石

车骑　东汉　山东苍山　石

车骑　东汉　山东　石

车骑　东汉　山东苍山　石

车骑（局部）　东汉　山东苍山　石

车骑　东汉　山东　石

车骑（局部）　东汉　山东　石

车骑　东汉　山东　石

车骑　东汉　山东　石

车骑　东汉　山东　石

车骑　东汉　山东　石

车骑　东汉　山东　石

车骑　东汉　山东　石

车骑　东汉　山东　石

车骑　东汉　山东　石

车骑　东汉　山东　石

车骑　东汉　山东　石

车骑　东汉　山东　石

车骑（局部）东汉　山东　石

车骑　东汉　山东安丘　石

车骑　东汉　山东苍山　石

车骑 东汉 山东苍山 石

车骑（局部） 东汉 山东苍山 石

车骑 东汉 山东苍山 石

车骑（局部） 东汉 山东苍山 石

车骑　东汉　山东苍山　石

车骑　东汉　山东苍山　石

车骑　东汉　山东长清孝堂山　石

车骑　东汉　山东长清孝堂山　石

车骑　东汉　山东城武　石

车骑　东汉　山东济宁　石

车骑　东汉　山东济宁　石

车骑（局部）　东汉　山东济宁　石

车骑　东汉　山东济宁慈云寺　石

车骑　东汉　山东嘉祥　石

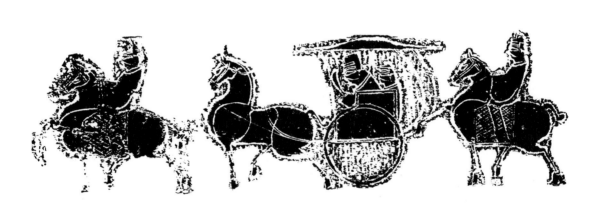

车骑　东汉　山东嘉祥　石

车骑　东汉　山东嘉祥　石

车骑　东汉　山东嘉祥　石

车骑（局部）　东汉　山东嘉祥　石

车骑　东汉　山东嘉祥　石

车骑　东汉　山东嘉祥　石

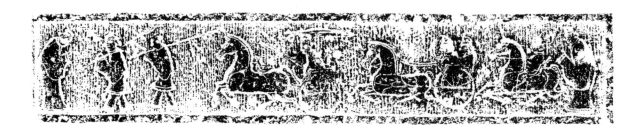

车骑　东汉　山东嘉祥　石

车骑　东汉　山东嘉祥　石

车骑　东汉　山东嘉祥　石

车骑　东汉　山东嘉祥　石

车骑　东汉　山东嘉祥　石

车骑　东汉　山东嘉祥　石

车骑　东汉　山东嘉祥　石

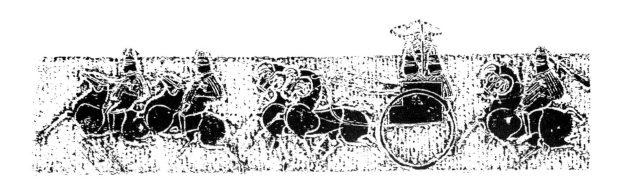

车骑　东汉　山东嘉祥　石

车骑　东汉　山东嘉祥　石

车骑　东汉　山东嘉祥　石

车骑（局部）　东汉　山东嘉祥　石

车骑（局部）　东汉　山东嘉祥　石

车骑　东汉　山东嘉祥　石

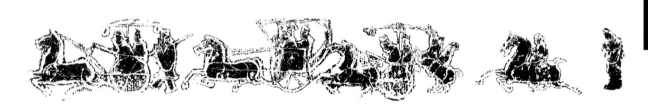

车骑　东汉　山东嘉祥　石

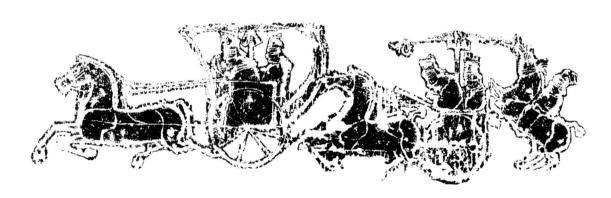

车骑（局部）　东汉　山东嘉祥　石

车骑

车骑　东汉　山东嘉祥　石

车骑　东汉　山东嘉祥武氏祠　石

车骑　东汉　山东嘉祥武氏祠　石

车骑　东汉　山东嘉祥武氏祠　石

车骑　东汉　山东嘉祥武氏祠　石

车骑　东汉　山东嘉祥武氏祠　石

车骑　东汉　山东嘉祥武氏祠　石

车骑　东汉　山东嘉祥武氏祠　石

车骑　东汉　山东嘉祥武氏祠　石

车骑　东汉　山东嘉祥武氏祠　石

车骑　东汉　山东嘉祥武氏祠　石

车骑　东汉　山东嘉祥武氏祠　石

车骑

车骑　东汉　山东嘉祥武氏祠　石

车骑　东汉　山东嘉祥武氏祠　石

车骑　东汉　山东嘉祥武氏祠　石

车骑　东汉　山东嘉祥武氏祠　石

车骑　东汉　山东嘉祥武氏祠　石

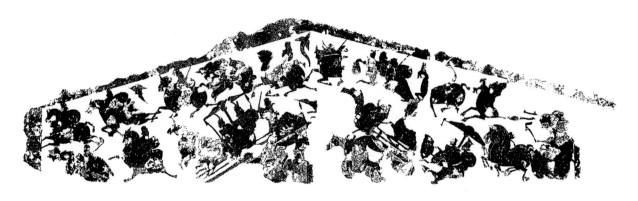

车骑　东汉　山东嘉祥武氏祠　石

车骑　东汉　山东嘉祥武氏祠　石

车骑（局部）　东汉　山东嘉祥武氏祠前石室第四石　石

车骑　东汉　山东嘉祥武氏祠前石室第四石　石

车骑　东汉　山东莒县　石

车骑　东汉　山东莒县　石

车骑　东汉　山东莒县　石

车骑　东汉　山东莒县　石

车骑　东汉　山东巨野　石

车骑（局部）　东汉　山东巨野　石

车骑　东汉　山东梁山　石

车骑　东汉　山东梁山　石

车骑　东汉　山东临沂　石

车骑　东汉　山东临沂　石

车骑　东汉　山东临沂　石

车骑　东汉　山东临沂　石

车骑　东汉　山东临沂　石

车骑　东汉　山东临沂　石

车骑　东汉　山东临沂　石

车骑　东汉　山东临沂　石

车骑　东汉　山东临沂　石

车骑（局部）　东汉　山东临沂　石

车骑　东汉　山东临沂　石

车骑　东汉　山东临沂　石

车骑　东汉　山东临沂　石

车骑　东汉　山东临沂　石

车骑　东汉　山东青州　石

车骑　东汉　山东曲阜　石

车骑　东汉　山东曲阜　石

车骑　东汉　山东曲阜　石

车骑　东汉　山东泰安　石

车骑

车骑 东汉 山东泰安 石

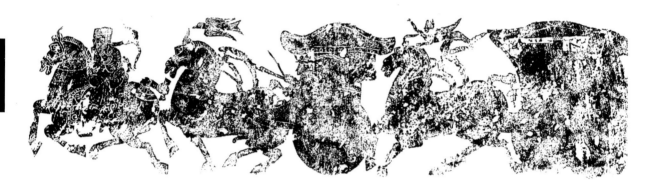

车骑 东汉 山东泰安 石

车骑 东汉 山东滕州 石

车骑（局部） 东汉 山东滕州 石

车骑　东汉　江苏徐州　石

车骑（局部）　东汉　江苏徐州　石

车骑　东汉　山东滕州　石

车骑　东汉　山东滕州　石

车骑（局部）　东汉　山东滕州　石

车骑　东汉　山东滕州　石

车骑（局部）　东汉　山东滕州　石

车骑　东汉　山东滕州　石

车骑（局部）　东汉　山东滕州　石

车骑　东汉　山东滕州　石

车骑（局部）　东汉　山东滕州　石

车骑　东汉　山东滕州　石

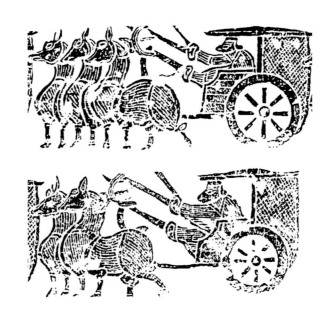

车骑（局部）　东汉　山东滕州　石

车骑　东汉　山东滕州　石

车骑　东汉　山东滕州　石

车骑　东汉　山东滕州　石

车骑　东汉　山东滕州　石

车骑　东汉　山东滕州　石

车骑　东汉　山东滕州　石

车骑　东汉　山东滕州　石

车骑　东汉　山东滕州　石

车骑　东汉　山东滕州　石

车骑　东汉　山东滕州　石

车骑　东汉　山东滕州　石

车骑　东汉　山东滕州　石

车骑（牛车）　东汉　山东滕州　石

车骑　东汉　山东滕州　石

车骑　东汉　山东滕州　石

车骑　东汉　山东滕州　石

车骑　东汉　山东滕州　石

车骑　东汉　山东滕州　石

车骑　东汉　山东滕州　石

车骑（局部）　东汉　山东滕州　石

车骑　东汉　山东滕州　石

车骑 东汉 山东滕州 石

车骑 东汉 山东滕州 石

车骑（局部） 东汉 山东滕州 石

车骑(局部) 东汉 山东滕州 石

车骑 东汉 山东滕州 石

车骑 东汉 山东滕州 石

车骑　东汉　安徽定远　石

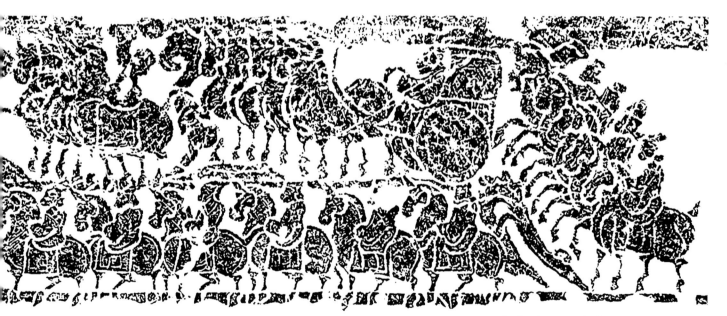

车骑　东汉　山东滕州　石

车骑　东汉　山东微山　石

车骑　东汉　山东微山　石

车骑（局部）　东汉　山东微山　石

车骑　东汉　山东微山两城山　石

车骑　东汉　山东微山两城山　石

车骑　东汉　山东微山两城山　石

车骑　东汉　山东微山两城山　石

车骑　东汉　山东微山两城山　石

车骑　东汉　山东曲阜西颜林　石

车骑　东汉　山东潍县　石

车骑　东汉　山东汶上　石

车骑　东汉　山东汶上　石

车骑　东汉　山东汶上　石

车骑　东汉　山东汶上　石

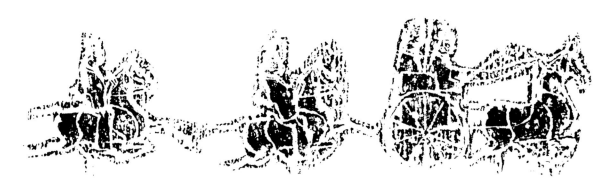

车骑　东汉　山东汶上　石

车骑

车骑　东汉　山东汶上　石

车骑　东汉　山东沂南　石

车骑（局部）　东汉　山东沂南　石

车骑　东汉　山东枣庄　石

车骑　东汉　山东招远　石

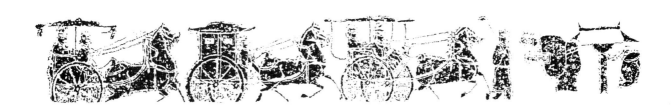

车骑　东汉　山东招远　石

车骑（局部） 东汉 山东招远 石

车骑 东汉 山东邹城 石

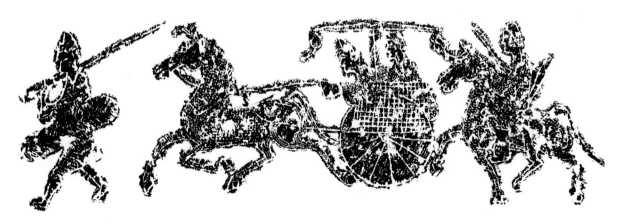

车骑 东汉 山东邹城 石

车骑　东汉　山东邹城　石

车骑　东汉　山东邹城　石

车骑　东汉　陕西米脂　石

车骑　东汉　陕西米脂　石

车骑　东汉　陕西绥德　石

车骑　东汉　陕西绥德　石

车骑　东汉　陕西绥德　石

车骑　东汉　陕西绥德　石

车骑　东汉　陕西绥德　石

车骑　东汉　陕西绥德　石

车骑　东汉　陕西绥德　石

车骑　东汉　陕西绥德　石

车骑　东汉　陕西绥德　石

车骑　东汉　陕西绥德　石

车骑　东汉　山西离石　石

乘骑　东汉　山西吕梁离石吴执仲墓　石

车马出行　东汉　山西吕梁离石　石

车马出行　东汉　山西吕梁离石吴执仲墓　石

车骑　东汉　四川大邑　砖

车骑　东汉　四川广汉　砖

车骑　东汉　四川广汉　砖

车骑　东汉　四川广汉　砖

车骑　东汉　四川剑阁　砖

车骑　东汉　四川芦山　石

车骑　东汉　四川什邡　砖

车骑　东汉　四川新津二号石棺　石

车骑　东汉　四川新津　石

车骑　东汉　四川成都　砖

车骑 东汉 四川彭山 石

车骑　东汉　四川新津　石

车骑　东汉　四川新津　石

车骑　东汉　四川雅安高颐阙　石

车骑　东汉　四川雅安高颐阙　石

车骑　东汉　浙江海宁　石

车骑　东汉　浙江海宁　石

车骑　东汉　浙江海宁　石

车骑　东汉　重庆　石

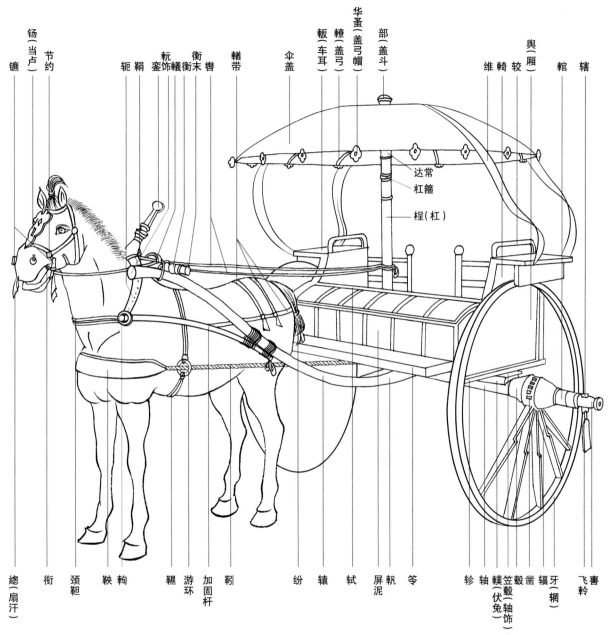

双辕马车胸带式系驾法综合复原图[1]

---

[1] 本图来自孙机《汉代物质文化资料图说》中"马车的组装与系驾法",使用时做了少许增删。

汉代车舆

李 琼

车马作为汉画中重要的艺术表现题材，包含着极其丰富的文化艺术信息。在汉代，车的重要性远远超出人们的想象。车的每一个部件的构造，都可以说是集百工之巧思。在当时，没有任何一件器物在构件之复杂、日常供需之普遍、寓意之深刻上能与车相媲美。汉画中的车马图像不仅反映了墓主人的身份、地位，更主要的还在于展现了汉代社会生活场景，这对于我们了解汉代的车舆及社会思想具有重要意义。

一、造车与"天人对应"

在我国古代，一般认为车最早是由夏朝的工匠奚仲所造。东汉许慎在《说文解字》中训诂"车"为"舆轮之总名。夏后时奚仲所造"。西汉陆贾的《新语·道基》中记载，夏禹之时，"川谷交错，风化未通，九州绝隔，未有舟车之用，以济深致远；于是奚仲乃桡曲为轮，因直为辕，驾马服牛，浮舟杖楫，以代人力"。另一种说法则是黄帝轩辕氏造车为始。《古史考》曰："黄帝作车，引重致远，其后少昊时驾牛，禹时奚仲驾马。"《荀子·解蔽》曰："奚仲作车，乘杜作乘马，而造父精于御。"清王先谦《荀子集解》补注曰："奚仲，夏禹时车正。黄帝时已有车服，故谓之轩辕，此云'奚仲'者，亦改制耳。"可以说，奚仲只是对车进行了一定的改良。古代史料典籍记载的时代久远，内容含糊不清，车真正的发明者无法确定。在当代的考古发掘中，夏朝的车至今没有实物出土。目前我国考古发现的最早的车马坑、车马器出自河南安阳。中国社会科学院考古研究所安阳工作队1969年至1977年在安阳殷墟发现了1003座商代墓葬，其中有五座车马坑。他们对其中的939座墓葬和五座车马坑进行了发掘。这批墓葬分为八个墓区，其中的三、四、六、七区内发现有车马遗迹。[①] 1978年6月出土于秦始皇帝陵封土西侧的两辆铜车马，可以说是截至目前出土的驾具最完整、制作最精良的车马。

车的制造由来已久，先秦时期的《考工记》中就有关于车工的记载，分为《轮人》《舆人》《车人》等。因"周人上舆"[②]，车在当时已经成为人们出行、载物、战

[①] 中国社会科学院考古研究所安阳工作队：《1969—1977年殷墟西区墓葬发掘报告》，《考古学报》1979年第1期，第27—34页。

[②] 杨天宇：《周礼译注》，上海古籍出版社，2004，第602页。

争等离不开的工具,且制作工艺极为复杂。到了汉代,车更是最常见、最重要的交通工具。我们可以看到,在汉画中,车马是表现得最多的内容之一。《后汉书·舆服志》中记载了车的制造:"上古圣人,见转蓬始知为轮。轮行可载,因物知生,复为之舆。舆轮相乘,流运罔极,任重致远,天下获其利。"古人见到蓬草随风飞转,受到启发,造出了车轮。车轮运行可以载物,因此古人又造出了方形的车厢。将车厢放在车轮之上,就能载运重物到达很远的地方。这就是车舆。因为有了车舆,人们的生活获得了许多便利。

后来古人观察天地的形成、天体、天象,进一步改造了车。汉代的"天人之际"思想分为"天人感应"与"天人对应",天与人、天与万物、天与社会相互交感。车的制作构造充分体现了汉代的"天人对应"思想。车的每一个构件,从设计、构造到位置、数量等,都以古代天文历法为依托,与天象、术数、星宿的形成、运行或变化规律一一对应。据《后汉书·舆服志》载,"后世圣人观于天,视斗周旋,魁方杓曲,以携龙、角为帝车,于是乃曲其辀,乘牛驾马,登险赴难,周览八极"。二十八星宿之一的斗宿在天宫运转,与之南北相望的北斗星的第一至第四星的魁星呈方形,北斗星柄部的第五至第七星的星杓为曲形,再连接房宿(古人称房宿为"天驷",取龙为天马和房宿有四颗星之意)与角宿,组成皇帝之车的形象,车辕一端为圆形,一端渐成方形。"舆方法地,盖圆象天;三十辐以象日月;盖弓二十八以象列星;龙旂九斿,七仞齐轸,以象大火;鸟旟七斿,五仞齐较,以象鹑火;熊旗六斿,五仞齐肩,以象参、伐;龟旐四斿,四仞齐首,以象营室;弧旌枉矢,以象弧也:此诸侯以下之所建者也。"方形车厢取法于地,圆形顶盖象征着天;三十根车辐象征着每月三十天;顶盖的二十八根盖弓象征着二十八星宿;绘有龙形图案的旗帜有九条垂旒飘带,长七仞,与车轸齐平,用来象征大火星;绘有鸟形图案的旗帜有七条垂旒飘带,长五仞,与车较齐平,用来象征鹑火星;绘有熊形图案的旗帜有六条垂旒飘带,长五仞,与车肩齐平,用来象征参星和伐星;绘有龟形图案的旗帜有四条垂旒飘带,长四仞,与车头齐平,用来象征营室星;在以竹弓张悬的旌旗上绘流矢,作弧矢状,用来象征弧星。

在汉代,"一器而群工致巧者,车最多,是故具物以时,六材皆良"①。造车技艺

---

① 范晔撰,李贤等注:《后汉书》,中华书局,2019,第3642页。

最能体现百工的智慧和技巧，车的各种用材也是精心挑选的。《潜夫论》卷六中记载，巧匠根据不同木材的特性，用其制作车的不同部件，如弯曲的木材适合做车轮，直的木材适合做车厢，檀木适合做车辐，榆木则适合做车毂。①可见汉代造车技术之丰富、精湛。

二、有关车的制度

《后汉书·舆服志》开篇为"《书》曰：'明试以功，车服以庸。'"引《尚书·虞书·舜典》中所记，舜在广泛采纳诸侯的意见，明确考察他们的政绩之后，将车马、衣服赏赐给他们。可见车马在当时作为奖赏有突出的重要性。在古代，车舆是有定式的，以表尊卑等级，所以此类赏赐不是随便为之的，而是取决于被赏赐者的身份、地位。天下之民尊敬和爱戴领导者的表现方式也与车有关：他们不怕辛劳，共同制作车舆的旌旗作为标识，以彰显圣人的尊严。②可见车在汉代人心目中的地位非同一般，上下尊卑，车也各有等级。

汉画中出现的车的不同类型、车骑的数量与出行的排场直接反映了墓主人的身份、地位。《后汉书·舆服志》中记载，从天子乘坐的车到各级官吏乘坐的车仪卫等级森严，车饰配件也大不相同：

天子乘坐的是用黄金装饰的山车，"以玉为饰，锡〔钖〕樊缨十有再就，建太常，十有二斿，九仞曳地，日月升龙，象天明也"。

太皇太后、皇太后的法驾，"皆御金根，加交路〔络〕帐裳"。她们如果不乘法驾，"则乘紫罽軿车，云㲯文画辀，黄金涂五末、盖蚤。左右騑，驾三马"。

长公主乘坐"赤罽軿车"。

大贵人、贵人、公主、王妃、封君乘坐"油画軿车"，大贵人"加节画辀"，都是只有右騑马。

皇太子、皇子乘坐安车，"朱班轮，青盖，金华蚤，黑㲯文，画轓文辀，金涂五

---

① 《潜夫论》："巧匠因象，各有所授，曲者宜为轮，直者宜为舆，檀宜作辐，榆宜作毂，此其正法通率也。"

② 《后汉书·舆服志》："敬之者欲其尊严，不惮劳烦，相与起作舆轮旌旗章表，以尊严之。"

末。皇子为王，锡以乘之，故曰王青盖车。皇孙〔则〕绿车以从。皆左右骈，驾三"。

公和列侯乘坐的安车，"朱班轮，倚鹿较，伏熊轼，皂缯盖，黑轓，右骈"。

中二千石、二千石官吏乘坐的车"皆皂盖，朱两轓"。千石、六百石官吏所乘之车"朱左轓"。"景帝中元五年，始诏六百石以上施车轓，得铜五末，轭有吉阳筩。中二千石以上右骈，三百石以上皂布盖，千石以上皂缯覆盖，二百石以下白布盖，皆有四维杠衣。贾人不得乘马车。除吏赤画杠，其余皆青云。"

公、列侯、中二千石官吏、二千石官吏的夫人，"会朝若蚕，各乘其夫之安车，右骈，加交路〔络〕帷裳，皆皂。非公会，不得乘朝车，得乘漆布辎軿车，铜五末"。

天子出行，仪仗队规模最大者为大驾，在法驾、小驾之上。天子大驾，"公卿奉引，太仆御，大将军参乘。属车八十一乘，备千乘万骑"。天子法驾，"八〔公〕卿不在卤簿中。河南尹、执金吾、雒阳令奉引，奉车郎御，侍中参乘。属车四〔三〕十六乘"。"祠地、明堂省什三，祠宗庙尤省，谓之小驾。"

三、车的类别与构件

关于汉代车的类别，《后汉书·舆服志》中有清楚的阐述。结合林巳奈夫《汉代の文物》、孙机《汉代物质文化资料图说》和顾森《中国汉画图典》中的相关说明，可以较为清楚地列出汉画中的各类乘坐之车（不含军事专用之车）。

（一）车的类别

汉代的车大致分为辎车、轓车、轩车、斧车、安车、辒车、軿车、辇车、温凉车、人力车、鹿车、牛车、羊车、驼车等。

1. 辎车

辎车是一种小而轻便的乘坐之车，车厢小，中央竖立伞形车盖，四面敞露，乘坐者能够坐在车里遥望观景。[①]辎车在汉画中是最为普遍、常见的一种车型。汉代一般称其为"小车"[②]。《史记·货殖列传》载："其辎车百乘，牛车千两，……此亦比千

[①]《释名》："辎，遥也。遥，远也，四向远望之车也。"
[②]《说文解字》："辎，小车也。"

乘之家，其大率也。"可知当时的通邑大都每年轺车、牛车的制造数量之多。轺车一般坐乘，也可以立乘，如《汉书·平帝纪》中记载，当时有用一种立乘的双马轺车作为婚娶时夫家迎亲礼车的。①

使用轺车的一般为上层官吏、地主、商贾，平民很少使用。此外，有些隐居不仕的侠义之人也乘坐轺车，如《史记·季布列传》："朱家心知是季布，乃买而置之田。诫其子曰：'田事听此奴，必与同食。'朱家乃乘轺车之洛阳，见汝阴侯滕公。"朱家乃当地任侠之人，后救了季布，并以此名闻当世。

轺车除了作为日常出行用车外，也用作驿道上的传车，故叫作"轺传"。汉代文献中有多处关于轺传的记载，如《汉书·平帝纪》中记载，汉制，凡受朝廷征召者，乘坐公家马车，皆持一尺五寸长的木质传信，有御史大夫的封章作为凭证。轺传两马，一马一封，故谓之"一封轺传"。所谓"封"者，是指朝廷发的盖有不同封泥印章的传信木简。传舍即根据传信木简发给征召者马车。②有专家认为，轺车是传车的最下级，也是使用最广的一种车辆。③

大多数轺车驾一匹马，《史记·季布列传》索隐：轺车"谓轻车，一马车也"。亦可驾两匹马，《文选·吴都赋》六臣注吕向曰："两马驾车曰轺。轺，轻车也。"轺车还可以驾牛。谢承《后汉书》："许庆，字子伯。家贫，为郡督邮，乘牛车，乡里号曰'轺车督邮'。"（转引自《太平御览》卷七七五）山东嘉祥画像石中有榜题为"为督邮时""西部督邮""东部督邮"的轺车。"督邮"，古代官职名，是"督邮书掾""督邮曹掾"的简称，是汉代各郡重要的属吏。汉代每郡分若干部，每部设一个督邮。《汉书·文帝纪》中说："二千石（指郡太守）遣都吏循行，不称者督之。"颜师古注引如淳曰："律说，都吏今督邮是也。"《后汉书·志·百官五》："其监属县，有五部督邮，

---

① 《汉书·平帝纪》："又诏光禄大夫刘歆等杂定婚礼。四辅、公卿、大夫、博士、郎、吏家属皆以礼娶，亲迎立轺并马。"服虔曰："轺音轺，立乘小车也。并马，骊驾也。"
② 《汉书·平帝纪》："征天下通知逸经、古记、天文、历算、钟律、小学、《史篇》、方术、《本草》及以五经、《论语》、《孝经》、《尔雅》教授者，在所为驾一封轺传，遣诣京师。至者数千人。"如淳曰："律，诸当乘传及发驾置传者，皆持尺五寸木传信，封以御史大夫印章。其乘传参封之。参，三也。有期会累封两端，端各两封，凡四封也。乘置驰传五封也，两端各二，中央一也。轺传两马再封之，一马一封也。"颜师古曰："以一马驾轺车而乘传。"
③ 王振铎遗著，李强整理、补著：《东汉车制复原研究》，科学出版社，1997，第43页。

曹掾一人。"郡太守属下的督邮，分部循行属县，督察吏治，有二部、三部、四部、五部不定。凡分东、西、南、北、中五部者，统称"五部督邮"。

2. 輧车

轺车车厢两旁加一对车耳，即为輧车。《说文解字》："輧，车耳反出也。"车耳多呈长方形，外侧有垂下的边板，用作车轮顶部的障泥。

輧车的车耳也是身份、地位的象征。《汉书·景帝纪》："令长吏二千石车朱两輧，千石至六百石朱左輧。"颜师古注引应劭曰："车耳反出，所以为之藩屏，翳尘泥也。二千石双朱，其次乃偏其左。輧以簟为之，或用革。"从中可知，二千石官吏的两车耳均为红色，而千石至六百石官吏则只有左车耳上涂有红色。王公贵族自上而下，按照不同的等级，分别有画輧、黑輧、朱两輧、朱左輧。关于輧的尺寸，孙机认为与《太平御览》中"仕宦不止，车生耳，长六尺，法六律。六，阴数也。今其上作簟文，所以缺后者，月满则亏也"一说相符。①輧的尺寸还与天地阴阳之数相关，《史记·秦始皇本纪》中有"数以六为纪，符、法冠皆六寸，而舆六尺，六尺为步，乘六马"的规定。汉代对輧是相当重视的，罗振玉《古镜图录》所收汉镜铭中有"许氏作竟自有纪，青龙白虎居左右，圣人周公鲁孔子，作吏高迁车生耳，郡举孝廉州博士，少不努力老乃悔"之语。"作吏高迁车生耳"是指官吏高升，其车制等级自然也就提高了。"车生耳"就是官吏高升的一个显著表现。

车輧在画像砖、画像石中不容易被辨识，这自然与它失去了彩绘有关。在这种情况下，往往从一定的角度来凸显车輧。在大部分汉画中，施（此处作"施加颜色，进行涂绘"解）輧之车多是等级较高的主车。汉景帝时期，施輧马车的等级要高于施四维杠衣者。作为车轮障泥的车輧，从车的构造上来说具有实用功能，但在画像砖、画像石中，是为了区别于其他车型，满足礼仪的需要，而对马车中没有礼仪功能、不施彩的素輧略而不画，以突出主车的等级、地位。有研究者认为，"施輧车必定四维，而四维未必施輧"②。事实并非如此，四川、河南等地的汉画中出现过非四维车施輧的图像。

---

① 孙机：《汉代物质文化资料图说》（增订本），上海古籍出版社，2011，第114页。
② 练春海：《汉代车马形像研究——以御礼为中心》，广西师范大学出版社，2017，第177页。

3. 轩车

辎车施帷，自车盖而下连接两侧座厢作为屏蔽，称为轩车。①《左传·闵公二年》服注、《续汉书·舆服志》刘注、《文选·东京赋》薛注都说"车有藩"者为轩。②《后汉书·刘玄刘盆子列传》中解释得更为详细："（盆子）乘轩车大马，赤屏泥，绛襜络。"李贤注："襜，帷也。车上施帷以屏蔽者，交络之以为饰。"由此可证轩车施屏。

4. 斧车

斧车，在车的座厢中竖立大斧之车，是古时的战车。《后汉书·舆服志》中记载："轻车，古之战车也。洞朱轮舆，不巾不盖，建矛戟幢麾，轙辀弩服。"斧车在作战时使用便利，后来逐渐发展为用于车马出行队伍之前，为后面的出行队伍打开通道的仪仗象征。"县令以上，加导斧车"，斧车是公卿以下、县令以上的官吏出行时用作前导的车，象征着主人的权威和气势。

5. 安车

安车专指坐乘之车，四马为驾。《汉书·陆贾传》说："贾常乘安车驷马。"安车多作为主车使用。据《后汉书·舆服志》记载，皇太子、皇子、公、列侯、中二千石官吏、二千石官吏及其夫人都乘坐安车，可知安车是有地位之人乘坐之车。

6. 辎车

汉代的辎车四面车厢封闭严密，后开门，两侧有窗名"戾"③，车盖多呈椭圆形，顶部隆起，有若鳖甲，多为妇女乘坐。《古列女传·齐孝孟姬传》中说："君子谓孟姬好礼。礼，妇人出必辎軿，衣服绸缪。"《汉书·张敞传》："礼，君母出门则乘辎軿。"另外，在汉代，乘坐辎车的是有一定地位之人，如汉桓宽《盐铁论·散不足》："今富者连车列骑，骖贰辎軿。"《宋书·礼志》记载："汉代贱辎车而贵辎軿。"都说明了这种情况。

---

① 《说文解字·车部》："轩，曲辀藩车。"《说文解字·艹部》："藩，屏也。"
② 孙机：《汉代物质文化资料图说》（增订本），上海古籍出版社，2011，第 114 页。
③ 《说文解字》："戾，辎车旁推户也。"

7. 軿车

汉代还有一种軿车，车形与辎车相似，只是车厢后部没有后辕。《释名·释车》："辎、軿之形同，有邸曰辎，无邸曰軿。"何谓有邸、无邸？《宋书·礼志》引《字林》："軿车有衣蔽，无后辕。其有后辕者谓之辎。"辎车车后如有突出的部分，即为有邸，就是有后辕；軿车反之。

8. 輂车

輂车常为妇女所乘之车，车上装有卷篷，与驾牛的大车相同，故《说文解字》说："輂，大车驾马也。"除了驾马这一点外，輂车与驾牛的大车无其他区别。輂车属于大车的一种车制，车舆较长，卷篷内不仅可卧人，还可载物。如《史记·淮南衡山列传》载，汉文帝六年（前174），淮南王让七十名无官爵的男子和棘蒲侯柴武之子柴奇商议，"以輂车四十乘反谷口"，即策划用四十辆大货车在谷口县谋反起事。

9. 温凉车

温凉车，亦作"辒辌车"，是古代的一种卧车，也用作丧车，旁开窗牖。《史记·李斯列传》："李斯以为上在外崩，无真太子，故秘之。置始皇居辒辌车中，百官奏事上食如故，宦者辄从辒辌车中可诸奏事。"裴骃集解引文颖曰："辒辌车如今丧轜车也。"引孟康曰："如衣车，有窗牖，闭之则温，开之则凉，故名之'辒辌车'也。"《汉书·霍光传》："载光尸柩以辒辌车。"颜师古注："辒辌本安车也，可以卧息。后因载丧，饰以柳翣，故遂为丧车耳。辒者密闭，辌者旁开窗牖，各别一乘，随事为名。后人既专以载丧，又去其一，总为藩饰，而合二名呼之耳。"

10. 人力车、鹿车、牛车、羊车、驼车

汉代的人力车有辇和鹿车。

《说文解字》："辇，挽车也。从车，从㚘在车前引之。""辇"从"车"部，两夫（男子）并行，拉车前进，即为用人拉或推的车。《左传·庄公十二年》中说，南宫万"奔陈，以乘车辇其母，一日而至"。杜预注："乘车，非兵车。驾人曰辇。"《左传·襄公十年》中说，"秦堇父辇重如役"。杜预注："步挽重车以从师。"挽辇者除了可以手握辕端外，肩部还可以曳绳套。汉代男子服徭役时常挽辇运输。《盐铁论·未通第十五》记载："今五十已上至六十，与子孙服挽输，并给徭役，非养老之意也。"另外，文献中还记载有"推辇"。《史记·货殖列传》记载，秦破赵，卓氏迁蜀，"独夫妻推

辇，行诣迁处"。《风俗通义·正失》："推辇而去，还归禁中。"孙机认为，此"推辇"也许就是"服辇"。①

鹿车是指汉代用手推的一种轻便的独轮车，车轮装在车子前部，因而车的重心位于轮子的着地点（支点）与推车人把手处（力点）中间。《东观汉记·邓训传》中记载，邓训"从黎阳步推鹿车于雒阳市药"。《东观汉记·赵憙传》中说，"以泥涂仲伯妇面，载以鹿车，身自推之"。可见鹿车是由一人推着行走的。《太平御览》卷七七五引《风俗通义》说："鹿车窄小，裁容一鹿也。……无牛马而能行者，独一人所致耳。"孙机说："鹿车在敦煌卷子本句道兴《搜神记》引刘向《孝子图》中作'辘车'。清瞿中溶《汉武梁祠画像考》说鹿车之鹿'当是鹿卢之谓，即辘轳也'。这是将鹿车之独轮比作辘轳（滑轮），说固可通。"②鹿车作为独轮车，能在比较狭窄的道路上通行，在汉代是一种很实用的交通运输工具，既可载人，也可载物。

鹿车除指手推的独轮车之外，还有真的鹿驾之车，如山东滕州画像石中有单鹿驾车、三鹿驾车，山东孝堂山祠堂画像石中有双鹿驾车。这种鹿车应该不是现实生活中所用之物，而与升仙思想有关。

牛车，即牛拉的车，早在黄帝时期就已出现了。但后来因牛行走速度较慢等，"古之贵者不乘牛车"③。西汉初，因社会经济遭到战争的严重破坏，马匹匮乏，"自天子不能具醇驷，而将相或乘牛车"④。至汉武帝颁行推恩令之末，"诸侯寡弱，贫者至乘牛车，其后稍见贵之"⑤。主要来说，在汉代，牛车是身份低微者或平民百姓乘坐的车，如《后汉书·宦者列传》中记载，宦官单超后人"其仆从皆乘牛车而从列骑"。

牛车既可以载人，也是官方和民间运输重物、柴草、谷物的交通工具。山东汉画中的牛车多为载人之用，无棚盖，多乘坐两三人。陕北汉画中常见的牛车多为棚车。浙江海宁汉画中有一牛拉軺车，上坐两人。各地常见的多为一牛拉车。河南南阳有一

---

① 孙机：《汉代物质文化资料图说》（增订本），上海古籍出版社，2011，第137页。
② 孙机：《汉代物质文化资料图说》（增订本），上海古籍出版社，2011，第137页。
③ 房玄龄等：《晋书》，中华书局，1974，第756页。
④ 班固：《汉书》，中华书局，2019，第1127页。
⑤ 房玄龄等：《晋书》，中华书局，1974，第756页。

块残缺的画像砖，其上有二牛拉一车，上坐两人，这是目前汉画中仅有的一幅。在汉代牛车图像中，还有关于牛车犁田的图像，展现了汉代专用牛车进行农耕的生活场景。

羊车，即羊驾之车。《释名·释车》："羊车，羊，祥也；祥，善也。善饰之车，今犊车是也。"按此，羊车即犊车，指牛拉的车，而非羊牵之车。用"羊"字只是取其吉祥的象征。"东汉文物资料中虽有羊负载人或牵车图像，却更表明其象征意义，而非实际意义。"①文献中关于羊车的记载和羊车的内涵较为复杂，这里采用"以羊为驾的车为羊车"这一观点。

驼车，用骆驼牵引的车。河南密县（今河南新密）有一块画像砖上画的就是双驼拉的辎车。

（二）车的构件

汉代是独辀车向双辕车转型过渡的时期。及至西汉晚期，独辀车已很少见。从汉画中和出土的车的构件来看，东汉已经普遍使用双辕车。本文根据双辕马车胸带式系驾法综合复原图，试说明汉代车的构件。

钖（当卢）：马头上的镂金饰物，饰于马的额头中央偏上部，在马跑动时发出声响。《左传·桓公二年》："钖、鸾、和、铃，昭其声也。"杜预注："钖在马额，……动皆有鸣声。"

镳：马衔也，马嚼子两端露出马嘴外的部分。

节约：用来连接络头和辔带的马具配件，为单个铜管或交叉形制，主要作为颊带、项带、咽带、鼻带和额带的连接点。后来演化出"节制、约束、俭省"的意思。

緫（扇汗）：又名"排沫"，系在马衔铁镳两边用以扇汗的飘带。

衔②：马嚼子。

颈靼：在车辀架入马颈后，用于固定车辀的皮带，是连接车与马的关键性挽具。

軛：驾车时套在马颈上的曲木。后引申出"束缚、控制"的意思。

軥③：车軛两边下卷以利于系革带的部分。

---

① 彭卫：《"羊车"考》，《文物》2010年第10期，第73页。
② 《说文解字》："衔，马勒口中。"
③ 《说文解字》："軥，軛下曲者。"

鞈①：同"靲"，大车上用于绑轭的皮条。

銮：皇帝车上的仪铃，安装在轭首或车衡上方。上部一般为扁圆形的铃，铃内有弹丸，铃上有辐射状的镂孔。下部为长方形的座，座的两面常有钉孔。《说文解字》："人君乘车，四马镳，八銮铃，象鸾鸟声，和则敬也。"

辕②：车前驾牲口用的两根直木。在先秦时期是一根曲木，在车的中间；在汉代以后多是两根直木，在车前两侧。《康熙字典》："《韵会》：《诗诂》曰：车前曲木上钩衡者谓之辀，亦曰辕。从轸以前稍曲而上至衡，则居衡之上而向下钩之，衡即辀端横木以驾马者。"

轪饰：亦作"辕饰"，套在车辕前端的一种车饰，一般为兽头形，既是出于美观的需要，更代表着出行时的吉祥寓意。

轙③：车衡上贯穿缰绳的大环。

鞅④：套在马腹上的皮带。

鞘⑤：驾车时从马背部绕至马腹部的皮带。

游环⑥：用皮革制造，置于四驾马车当中两匹马的背上，旁边两匹骖马的缰绳从中穿过。其作用是防止骖马外逸。

衡：置于车辕前端的横木。

衡末：套在车衡两端的装饰。

辔⑦：用于驾驭牲口的嚼子和缰绳。

𫐐⑧（车耳）：车厢两旁反出如耳的部分，用以障蔽尘泥。

---

① 《说文解字》："鞈，大车缚轭靼。"
② 《说文解字》："辕，辀也。"
③ 《说文解字》："轙，车衡载辔者。"
④ 《说文解字》："鞅，颈靼也。"《释名》："鞅，婴也，喉下称婴，言缨络之也。其下饰曰樊缨，其形樊樊而上属缨也。"
⑤ 《释名》："鞘，经也，横经其腹下也。"
⑥ 《释名》："游环，在服马背上，骖马之外辔贯之，游移前却，无定处也。"
⑦ 《说文解字》："辔，马辔也。"《释名》："辔，拂也，牵引拂戾，以制马也。"
⑧ 《说文解字》："𫐐，车耳反出也。"

靷①：引车前进的皮带，一端系在车轴上，一端套在牲口胸前。

辀②（盖弓）：车上用来支撑车盖的弓形木架。

华蚤（盖弓帽）：亦作"华爪"，车盖上的零件，系套在车盖弓骨的末端。管状，有倒刺，顶端常为圆形、花瓣形、兽形。《后汉书·舆服志》引徐广曰："金华施橑末，有二十八枚，即盖弓也。"说的就是华蚤和盖弓。

部（盖斗）：用于固定盖顶。

达常：车盖盖柄的上节，连接在盖斗下，与盖斗为一体。《考工记·轮人》："轮人为盖，达常围三寸。"郑玄注引郑司农曰："达常，盖斗柄，下入杠中也。"

桯（杠）：车盖盖柄的下节。《考工记·轮人》："桯围倍之，六寸。"

杠箍：金属条等围束器物，用来紧紧勒住桯。

维③：马车上用于防尘的帷幔。

輢：车厢两旁可以用来倚靠的木板。

较④：车厢两旁板上的横木。士大夫以上官吏的马车，较上饰有曲铜钩。《康熙字典》："《诗·卫风》：猗重较兮。注：较，高于轼。輢是两旁植木，较横輢上。盖古者车皆立乘，平常立则凭较，若应为敬乃俯凭轼，较在轼上，若两较然，故云重较。"

舆⑤（厢）：车内载人或存放东西的地方。

纷⑥：扎束马尾的丝麻织物。

轼⑦：设在车厢前面供人凭倚的横木。

屏泥：车轼前的装饰，亦用以遮挡泥土。

軓⑧：车厢前面的挡板。

---

① 《说文解字》："靷，引轴也。"《释名》："靷，所以引车也。"
② 《说文解字》："辀，盖弓也。"《释名》："辀，盖叉也，如屋构橑也。"
③ 《说文解字》："维，车盖维也。"
④ 《说文解字》："較，车骑（輢）上曲铜也。""較"为"较"的异体字。
⑤ 《说文解字》："舆，车舆也。"
⑥ 《说文解字》："纷，马尾韬也。"
⑦ 《说文解字》："轼，车前也。"段玉裁注："舆之在前者曰轼，在旁者曰輢。"
⑧ 《说文解字》："軓，车轼前也。"

笭：通"軨"，车轼下面纵横交错的竹木条。

錞[1]：亦称"軑"，包裹在车毂上的金属套，为截管状圆环形或六角形。

辖[2]：插在轴端孔内的车键，使軎、轴、毂三者固定，以防轮子脱落。

軫[3]：车厢底部四周的横木。《考工记·舆人》："六分其广，以一为之軫围。"《考工记图》："舆下四面材合而收舆谓之軫，亦谓之收。独以为舆后横者，失其传也。"

轴[4]：穿在车轮中间的圆柱形物件。

轐[5]（伏兔）：车底板下扣住横轴的装置，垫在车厢和车轴之间，用来支撑车轴，状似伏兔。

毂[6]：车轮中心，周围与车辐的一端相接，中有圆孔，可以插轴。《汉书·食货志》："转毂百数。"《周礼·冬官考工记》："毂也者，以为利转也。"

笠毂（轴饰）：毂旁的装饰。

牙（辋）：车轮周围的框子。《后汉书·舆服志》："猎车，其饰皆如之。重辋缦轮，缪龙绕之。"

辐[7]：连接车辋和车毂的直条，插入轮毂中以支撑轮圈。《考工记·轮人》："辐也者，以为直指也。"

凿[8]：凡穿物使通都称凿。此凿是指毂上所穿之孔。

飞軨：车轴头上系的饰物。

軎[9]：亦作"轊"，车上的零件，青铜质，形如圆筒，套在车轴的两端。軎上有孔，用以纳辖。

---

[1]《说文解字》："錞，毂端沓也。"
[2]《说文解字》："辖，键也。"
[3]《说文解字》："軫，车后横木也。"
[4]《说文解字》："轴，持轮也。"《释名》："轴，抽也，入毂中可抽出也。"
[5]《说文解字》："轐，车伏兔也。"
[6]《说文解字》："毂，辐所凑也。"
[7]《说文解字》："辐，轮轑也。"
[8]《说文解字》："凿，穿木也。"
[9]《说文解字》："軎，车轴头也。"

本文参考文献

[1] 许慎，著. 班吉庆，王剑，王华宝，点校. 说文解字校订本［M］. 南京：凤凰出版社，2004.

[2] 王利器. 新语校注［M］. 北京：中华书局，1986.

[3] 范晔. 后汉书［M］. 李贤，等注. 北京：中华书局，2019.

[4] 王先谦. 荀子集解［M］. 沈啸寰，王星贤，点校. 北京：中华书局，1988.

[5] 杨天宇. 周礼译注［M］. 上海：上海古籍出版社，2004.

[6] 王符，著. 汪继培，笺. 彭铎，校正. 潜夫论笺校正［M］. 北京：中华书局，1997.

[7] 司马迁. 史记［M］. 北京：中华书局，1982.

[8] 班固. 汉书［M］. 颜师古，注. 北京：中华书局，2019.

[9] 罗振玉. 古镜图录：3卷［M］. 上虞罗氏影印本. 1916.

[10] 练春海. 汉代车马形像研究：以御礼为中心［M］. 桂林：广西师范大学出版社，2017.

[11] 孙机. 汉代物质文化资料图说［M］. 增订本. 上海：上海古籍出版社，2011.

[12] 刘向. 古列女传［M］. 上海：商务印书馆，1936.

[13] 王利器. 盐铁论校注［M］. 北京：中华书局，1992.

[14] 沈约. 宋书［M］. 北京：中华书局，1974.

[15] 刘熙，撰. 毕沅，疏证. 王先谦，补. 释名疏证补［M］. 祝敏彻，孙玉文，点校. 北京：中华书局，2008.

[16] 杜预. 春秋经传集解［M］. 上海：上海古籍出版社，1988.

[17] 王利器. 风俗通义校注［M］. 北京：中华书局，1981.

[18] 吴树平. 东观汉记校注［M］. 北京：中华书局，2008.

[19] 李昉，等. 太平御览［M］. 影印本. 北京：中华书局，1995.

[20] 房玄龄，等. 晋书［M］. 北京：中华书局，1974.

[21] 汉语大词典编纂处. 康熙字典［M］. 标点整理本. 上海：上海辞书出版社，2007.

[22] 戴震. 考工记图：2卷［M］. 清乾隆时期曲阜孔继涵微波榭刊本.

[23] 顾森. 中国汉画图典［M］. 杭州：浙江摄影出版社，1997.

[24] 林巳奈夫. 汉代の文物［M］. 京都：京都大学人文科学研究所，1996.

[25] 王振铎，李强. 东汉车制复原研究［M］. 北京：科学出版社，1997.

[26] 中国社会科学院考古研究所安阳工作队. 1969—1977年殷墟西区墓葬发掘报告［J］. 考古学报，1979（1）.

[27] 彭卫. "羊车"考［J］. 文物，2010（10）.